HISTORIA EN MEME

Guillermo Pérez Romero nació en Barcelona en 1991. De orígenes segovianos, se trasladó a Madrid en su infancia. En la capital se graduó en Historia y obtuvo el máster de Historia Contemporánea de la Universidad Autónoma de Madrid.

Durante su periodo universitario creó una página en las redes sociales sobre humor histórico que alcanzó cierta fama. Esta página, *Historia en Meme*, mezcla los datos y los sucesos históricos con el humor, en ocasiones negro, para demostrar que la historia también puede ser divertida.

Guillermo Pérez Romero

HISTORIA EN MEME

(EL LIBRO)

PLAN B

Primera edición: marzo de 2019

Travessera de Gràcia, 47-49. 08021 Barcelona

Printed in Spain – Impreso en España

ISBN: 978-84-17001-58-2
Depósito legal: B-2.158-2019

Compuesto en M. I. Maquetación, S.L.

Impreso en Gráficas 94, S. L.
Sant Quirze del Vallès (Barcelona)

PB 0 1 5 8 2

Penguin
Random House
Grupo Editorial

ÍNDICE

INTRODUCCIÓN

Lo primero que habría que plantearse a la hora de empezar a leer este libro es la siguiente pregunta: ¿qué pretende ser este libro? Esta obra persigue varios objetivos: el primero, acercar la historia a la sociedad de una manera divertida y distendida por medio del humor; también busca aportar un poco de conocimiento acerca de determinadas expresiones y usos sociales que se utilizan hoy en día y que tienen un origen histórico, y a mi juicio bastante curioso; el tercer objetivo de este libro, quizá el más ambicioso, es el de desmontar algún que otro tópico sobre hechos históricos concretos que están muy presentes en nuestra sociedad y no son del todo ciertos; y, finalmente, el último objetivo es ganar algo de dinerillo, pues aunque los historiadores lo llevamos intentando desde hace décadas, aún no somos capaces de vivir del aire (quizá, pensándolo bien, este sea realmente el objetivo más ambicioso).

Con esta obra quiero demostrar que la historia no es un coñazo y que, lejos de ser listas interminables de reyes godos, índices de crecimiento demográfico y libros y libros sobre la Guerra Civil española, resulta entretenida, aunque sea «a cachos»; además, de ella se puede sacar, como de todo en esta vida, una visión cómica que la haga más cercana, sobre todo a esta generación de *millennials* a la que pertenezco. Este libro pretende ser la prueba irrefutable de que la historia puede llegar a ser divertida.

Desde mi posición como historiador he de aclarar que no todo lo vertido en este volumen, como te podrás dar cuenta a medida que lo vayas leyendo, es objetivo, que es lo que se supone que a los historiadores se nos enseña a ser. Ante la incapacidad total de resultar objetivo y al ser perfectamente consciente de que en una obra como esta, en la que la historia y el humor van de la mano, están presentes de algún modo mis opiniones personales, he decidido ser honrado, por lo cual este libro no cuenta, a priori, ninguna mentira, pero describe fragmentos de la historia desde mi punto de vista. Aunque lo cierto es que no puedes esperar mucho más de un libro escrito por alguien que ha llegado hasta aquí gracias a una página de me-

mes en Facebook.[1] Es decir, que si de verdad buscas objetividad, te has equivocado de obra y lo que tienes que hacer es conseguir un libro de algún historiador profesional como Pío Moa; bueno, de Pío Moa no, que le pasa algo parecido a lo mío, pero sin pretender hacer humor, creo…

LA IDEALIZACIÓN DE LA HISTORIA

Si hay algo idealizado en este mundo, es la historia. A la gente le encanta fantasear con vivir en el pasado, y no me refiero solo a los amish. Es verdad que todas y todos hemos fantaseado con vivir, aunque sea momentáneamente, en alguna época pasada que nos parece bonita o interesante. Sin embargo, a continuación, y por medio de ejemplos, vamos a demostrar que esto es un craso error, puesto que nos solemos encontrar con que la gente solo piensa en lo bonito, nunca en lo malo, lo cual es normal por otra parte, porque puestos a fantasear, quién va a imaginar que viaja al pasado y acaba crucificado en medio de la Vía Apia con Espartaco y sus muchachos.

Hay un primer grupo de personas idealistas que, ante la pregunta «Si viajases al pasado, ¿a qué época te gustaría ir?», responden que querrían vivir en la prehistoria, antes de que existiera la propiedad privada y cuando todo se hacía en comunidad; lo malo, y lo que olvidan, es que igual a un dientes de sable o a un oso les podía entrar hambre una mañana y devorarte a ti y a tu querida comunidad. O te podría ocurrir como al célebre Niño de Taung, que se lo llevó un águila o un ave predadora similar, enganchándolo con sus garras de las cuencas de los ojos mientras él pataleaba. Comprobadlo, no es una historia bonita, pero es verídica.

Luego están aquellos a los que les gustaría vivir en la época de los chamanes porque les agrada «sentir el viento y los árboles» en demasía: hallarse en un ecosistema adverso y encima estar flipando abrazando árboles, mala idea.

Otro grupo de gente es el de aquellos que están fascinados con la época clásica: su imaginación se dispara y desean vivir en la Atenas de Pericles, la Esparta de Leónidas, la Roma de los césares o el Egipto de las pirámides. A ver, en principio no me parece mal, pero claro, estas épocas están bien si naces donde tienes que nacer, porque es muy bonito estar hablando en medio de la asamblea popular de Atenas, con tu túnica blanca, tomando decisiones,

1. *Historia en Meme* es una página de Facebook que recomiendan 9 de cada 10 dentistas.

inventando la democracia y tal, en caso de que seas hombre, ya que si eres mujer estás jodida, porque la democracia no es para ti; para ti es la casa, ser mujer y madre, y como mucho te retratarán en alguna crátera o algún jarrón.

También les puede gustar la lucha y la épica, y creen que no hay nada mejor que Esparta y su agogé, que es un sistema educativo bastante estricto. Estas personas se lo pasarían muy bien matando persas, a no ser que tuviesen alguna tara física, lo cual no solo les impediría luchar, sino que además provocaría que los llevasen al monte Taigeto y los despeñasen por sus defectos físicos. En el caso de Egipto, supongo que esta gente rezaría a Amón o a Isis para que les tocase ser, como mínimo, escriba, y no tener que empujar unos bloques de piedra inmensos por una cuesta para hacerle la pirámide al faraón de turno, algo que es cierto que se parece a hacer CrossFit, aunque resulta un poco más ingrato y con menos postureo.

En el caso de Roma es diferente, ya que esta gente, fanática por lo general de la arqueología, podría pasear por la Ciudad Eterna siendo pobre o rica, viendo los foros, el Coliseo, los templos, el circo, etc. Ahora bien, esperamos que no se les ocurriese dar un paseo por el barrio de la Suburra, porque igual no salían muy bien parados, pues no era una zona muy recomendable; esperamos también que no se apoyasen en una pared y se cayese una teja en la cabeza de un romano, lo que les condenaría a ser galeotes toda la vida, que vale, deporte haces, pero no es agradable. También podrían asistir a las peleas de gladiadores, rezando para verlas desde la grada y no en primera persona, porque nadie quiere que un señor de dos metros le meta un tridente en las tripas.

Incomprensiblemente, también hay gente a la que la Edad Media le parece un tiempo óptimo para vivir, pero no sé, también hay personas que han votado a Donald Trump y parecen felices. La Edad Media está bien si eres conde, obispo, rey, califa o sultán, o si eres alguien a quien no le importa trabajar de sol a sol, que el noble de turno arrase tus tierras, coger la peste, que la Iglesia te infle a impuestos o que te persigan porque tu dios no es el correcto.

Es cierto que hay menos gente que quiera vivir en la época moderna, es decir, desde el siglo XV al XVIII, pero aún hay alguno por ahí que quedó demasiado fascinado por los mosqueperros y el capitán Alatriste, y sueña con revivir la época de los duelos y la grandeza del Imperio español, repartiendo civilización por el globo a golpe de espada y de cruz. También es una buena época para ver cómo queman a alguien en la plaza de tu pueblo por hereje o por bruja, para morir en la guerra contra los protestantes de un disparo de arcabuz en el pecho o de un golpe de macuahuitl en la «Noche triste», pero oye, por lo menos habrás conocido a Hernán Cortés. También habrá a quien le gustaría retroceder a esta época para combatir al Imperio español o para ser pirata, pero la esperanza de vida tampoco era muy generosa para este sector poblacional. También es cierto que en esta época se podía entablar amistad con Lope de Vega o hablar con Quevedo hasta que le hicieras enfadar y este te acusara de judío en sus poemas satíricos, o bien acompañar a Cervantes a Lepanto y que te dejasen la mano inútil como a él.

Si Harry Potter hubiese viajado a los tiempos de la Santa Inquisición:

Luego llega el grupo de los flipados, que son aquellos a los que les habría gustado vivir en la época más corta de todas, pero también la más convulsa, la Edad Contemporánea, repleta de revoluciones, dictaduras, democracias, guerras mundiales... Esta gente podría vivir la Revolución francesa y decapitar reyes, y luego acabar decapitados ellos por juntarse con el Robespierre ese, que ya lo decía tu madre: no parecía bueno y era un poco exaltado.

Los flipados sumos querrían haber participado en la guerra de Independencia española y haber combatido al invasor francés por su rey Fernando VII, como hicieron el Empecinado o Riego, para que luego Fernando VII resultase ser un tarugo de tío y un desagradecido. También podrían haber muerto en la guerra de Independencia como Manuela Malasaña, para que después le pusiesen su nombre a un barrio que se ha ido llenando de *hipsters* con largas barbas, que ojalá las pillase Manuela con sus tijeras.

A estas personas también les habría gustado vivir durante la Revolución Industrial para ver el nacimiento del movimiento obrero, la invención del ferrocarril y del barco de vapor, y cómo los cielos se comenzaban a poner negros. Esta época es fascinante, y al coincidir con la época victoriana tiene muchos adeptos a los que no les importaría conocer ese Londres del siglo XIX, y es más, lo harían de manera alegre. A pesar de arriesgarse a padecer cólera y que se les muriesen dos de cada tres niños.

Luego llega el colgado de turno, que de tanto jugar al *Call of Duty* te dice que a él lo que le agradaría vivir es la Segunda Guerra Mundial para matar a Hitler, y se imagina desembarcando en Normandía. Estos son flipados de muy alto nivel, pero en el mismo desembarco de Normandía hubo alguien más flipado aún, el teniente coronel John Malcolm Thorpe, a quien le habría gustado mucho vivir en la Edad Media, porque este inglés desembarcó en las playas francesas armado con un arco, flechas y una espada Claymore de doble filo, y con estas armas consiguió acabar con más de un soldado alemán, lo que le valió numerosas condecoraciones.

En resumen, hay pocas probabilidades de que retrocediendo al pasado a la gente le fuese bien, y menos a las personas que necesitan alguna medicación, a las que les gusta comer todos los días y tener una higiene como mínimo mediocre. Tampoco sería buena idea ir al pasado siendo mujer, porque si la situación está mal ahora, imagínate antiguamente.

Así pues, me parece un buen lugar este para pedir, por favor, que la sociedad deje de idealizar a las historiadoras y los historiadores a la hora de jugar al Trivial Pursuit: no somos la Wikipedia, no nos sabemos toooodas las preguntas amarillas. Así que, por favor, dejad de someternos a tantísima presión con la mítica frase «Al amarillo, al amarillo, que este es de historia y seguro que se la sabe», porque luego resulta que no nos la sabemos y empezáis con aquello del «Bua, menudo historiador, pero ¿a ti qué te enseñan en la carrera?».

Aprovecho también para dirigirme a los señores del Trivial Pursuit: por favor, corrijan las tarjetas, que cuando la respuesta está mal escrita nos cuesta graves disgustos y horas de discusiones con los compañeros explicándoles que la persona que conquistó Jerusalén en 1187 fue Saladino y no un tal «Saladito», al igual que Copérnico no era italiano, sino polaco, y la batalla de las Navas de Tolosa tuvo lugar en Jaén y no en Toledo.

¿QUÉ ES SER HISTORIADOR?

Llegados a este punto, barajo dos opciones: que tú, lectora o lector, seas historiadora o historiador y que alguien te haya regalado este libro en plan: «Mira, de lo que a ti te gusta», o que simplemente te guste la historia como afición y hayas adquirido el libro (por medios legales, por supuesto) o te lo hayan regalado con el fin de saciar tu curiosidad histórica. Pues si eres de los primeros, lo que voy a contar ahora no te pillará de nuevas, pero si eres de los segundos, quizá sí te suene a novedad. Esta es la triste historia de lo que supone ser historiador *millennial* en el siglo XXI.

Imagina que desde niña o niño te gustan los libros de historia, las momias, los romanos, el castillo de Playmobil y los libros de Astérix; llegas al cole y en esa amalgama de saberes llamada «Conocimiento del Medio» descubres que hay fragmentos que hablan del pasado y que te interesan un montón: griegos, guerras, reyes, más guerras, inventos, etc., y además todo lleno de dibujitos.

Llegas al instituto y ves que la historia te mola de verdad; además descubres el cine histórico, del cual hablaremos, y lo flipas con *Salvar al soldado Ryan*, *Espartaco* y la saga Indiana Jones. Y piensas: «¡Fua! Estudiaré Historia e igual me hago arqueólogo como Indiana Jones». Haces el examen de selectividad de historia en vez del de filosofía y te metes a estudiar el grado de Historia. Un sueño hecho realidad. O no.

En la carrera descubres que Indiana Jones destruía más yacimientos de los que salvaba y que ser arqueólogo consiste realmente en estar picando en una zanja al sol en mitad de un secarral, estar buscando teselas en una criba durante horas y horas y jugar a los puzles con una vasija griega del año catapún rota en mil pedazos, que encontraron en un pueblo perdido de la mano de Dios y que ahora te toca a ti reconstruir. Entonces te preguntas: «¿Dónde quedaron los romances con espías nazis?». No lo sabemos. Lo que sí sabemos es que no hay espadas por ningún sitio, ni castillos que visitar, solo hay comentarios de texto sobre constituciones y textos de Sieyès que explican en qué consiste el Tercer Estado.

Descubres que ser historiador es leer, leer y leer. ¿Que a ti te gusta la historia de la América precolombina, que es en lo que te quieres especializar? Pues toma, léete este texto sobre los tipos de telas que se manufacturaban en Flandes en el siglo XVI, que es muy interesante; ah, y hazme un comentario al respecto. ¿Que lo que te gusta es la Transición española? Pues toma, hazme un trabajo sobre los útiles de piedra durante el Paleolítico Superior en el yacimiento de Villalpando del Recoveco, que te lo vas a pasar muy bien. En fin, que sí es cierto que hay que tener conocimientos generales de todo, porque claro, las preguntas amarillas del Trivial siempre están ahí, al igual que la opción de acabar de profesor, o lo que es menos probable: imagínate que luego te mandan hacer un libro de humor sobre historia universal y tú te has especializado en las condiciones laborales de la mujer rural en España entre 1900 y 1959, pues a ver cómo lo haces sin mirar la Wikipedia...

Durante toda la carrera, además de enfrentarte a los trabajos, a los libros que no aparecen en los estantes de la biblioteca, a las colas en reprografía y a eternos manuales de seiscientas páginas, te tienes que enfrentar con la gente de fuera del mundo universitario, esa gente que te pregunta: «Y tú ¿qué es lo que estudias?», a lo que tú respondes con un lacónico «Historia», y es aquí cuando surgen cuatro posibles comentarios que te hacen replantearte tu vida académica:

«Uy, qué bonito tiene que ser estudiar eso»;

«Historia... y Geografía, ¿no? Porque van juntas...»;

«Eso es lo de los dinosaurios, ¿no?»;

«¿Historia del Arte o Historia a secas?».

Y luego está la pregunta siempre demoledora de «¿Y eso para qué sirve?», a lo que a ti te gustaría responder: «Pues mira, individuo, sirve para cagarme en tus ancestros remontándome hasta Miguelón, el de Atapuerca», pero respondes algo gracioso del tipo: «Pues sirve para morirnos de hambre, pero ojo, sabiendo datos tan útiles o curiosos como que Asurbanipal fue el último gran rey de Asiria, que el girasol es originario de América o que Carlos V nació en un retrete y murió de malaria». Entonces la gente te mira, se ríe, y tú sabes que siguen pensando: «Pero entonces ¿es lo de los dinosaurios o no?».

Y la verdad es que las salidas laborales del estudiante de Historia son más escasas que el pelo en la cabeza de Franco, pero las podemos dividir en tres: la de los que van a acabar siendo profeso-

res de instituto; la de los que van a acabar investigando y divulgando temas históricos para que luego llegue el periodista de turno, escriba una novela histórica y venda más que ellos y encima haga que la gente se crea que el capitán Alatriste existió de verdad; y luego está la salida de los que se dedicarán al fantástico mundo de la hostelería y las cadenas de comida rápida, a la espera de que les llegue el turno de pasar a engrosar uno de los dos anteriores grupos.

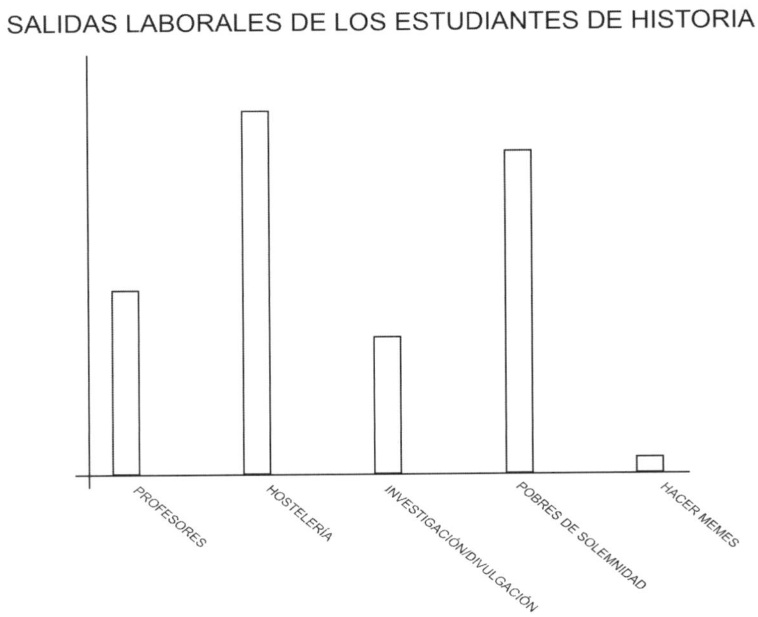

PREHISTORIA

El periodo histórico conocido como prehistoria es el que abarca desde la aparición de los primeros homínidos hasta la existencia de documentos escritos, es decir, desde hace más de 4.000.000 de años hasta el año 3300 a. e. c.,[1] cuando se encontraron las primeras evidencias de escritura. Es en esta época cuando surgen la sociedad, la agricultura, las primeras ciudades, la rueda, el fuego, la familia y, por lo tanto, los cuñados.

1. «Antes de la era común», designación alternativa al empleo de la expresión «antes de Cristo».

LA EVOLUCIÓN HUMANA

Existen tres teorías sobre el origen del ser humano:

- La primera es la teoría creacionista, un conjunto de creencias inspiradas en doctrinas religiosas, según las cuales el universo y los seres vivos provienen de actos específicos de creación divina.
- La segunda, la pastafari, es la creencia de que el Monstruo de Espagueti Volador, un ente supranatural benevolente, creó el mundo hace 5.000 años, cuando iba un poco borracho.
- Y la tercera, la evolutiva, es una teoría biológica que afirma que los actuales seres vivos proceden de antecesores comunes y han ido sufriendo cambios a lo largo de los tiempos geológicos.

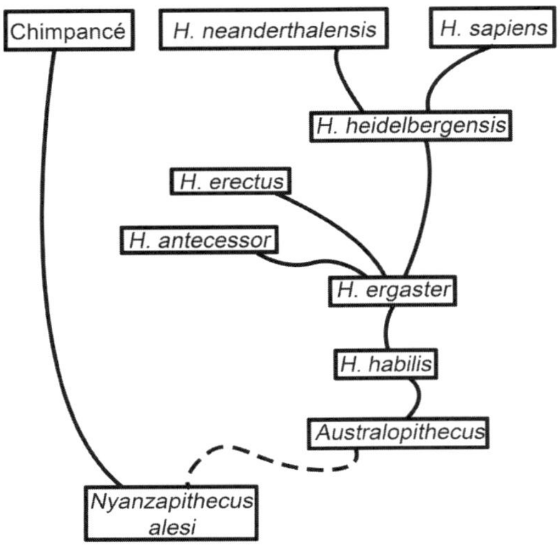

Aunque la segunda teoría me hace mucha gracia, aquí me voy a limitar a explicar la última, por aquello de que es la única que es verdad. Nos ha llegado una imagen bastante tergiversada de lo que es la evolución; es decir, nos imaginamos una serie de seres en fila, el primero un chimpancé y el último un ser humano desnudito, y entre medio una serie de figuras cada vez más erguidas y con menos pelo que parece que se van persiguiendo los unos a los otros. Esta visión de la evolución viene a decir que salimos directamente del mono, en este caso del chimpancé, y que este, por lo que sea, le empezó a coger el gusto a andar erguido, y de ello acabamos surgiendo nosotros, los *Homo sapiens*. Pero esto no es así: los monos no son nuestros ancestros, son nuestros primos, como mucho, y ambos tenemos un antepasado común. Este antepasado común vivió hace trece millones de años, al oeste del lago Turkana, y era el *Nyanzapithecus alesi*; de este punto en común fueron surgiendo ramificaciones: en una rama de un extremo están los chimpancés y los bonobos, en el otro los seres humanos. Y diréis: «¿Por qué no dibujas el árbol evolutivo y te callas? Tanto que te gusta dibujar y hacer monigotes». Pues sí, podría, y de hecho lo voy a hacer; ahí lo tenéis, en la página anterior, pero que conste que, según se van encontrando huesos, el árbol evolutivo va cambiando, y cada poco tiempo Arsuaga y sus muchachos vuelven a encontrar otro hueso más en Atapuerca que arroja nuevos datos. Desde 1959 hasta 2006 se han desarrollado más de catorce árboles evolutivos diferentes, lo que quiere decir que, igual, cuando estés leyendo esto, alguien habrá desarrollado un árbol evolutivo nuevo y este ya no valdrá para nada; solo hay que rezar para que ese alguien no sea History Channel, porque seguro que entonces se empecinan en afirmar que un alienígena vino a la tierra hace cuatro millones de años y fecundó a un *Homo erectus*, y así comenzó todo.

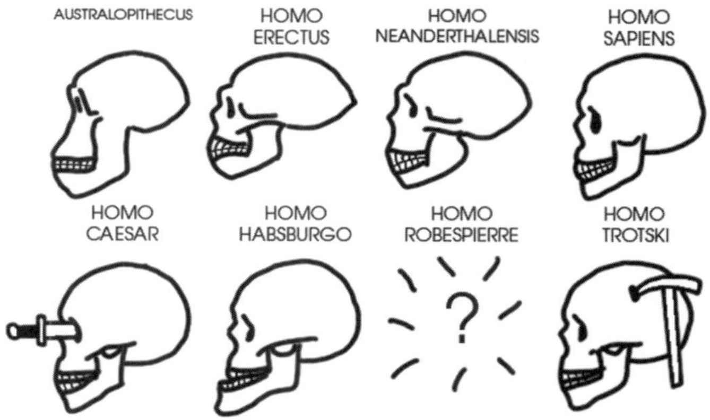

En una de las cosas que más se nota la evolución, aparte de en el bipedismo, es en el cráneo; aquí arriba os ofrecemos una serie de representaciones de cráneos de homínidos para que podáis apreciar cómo ha ido aumentando la capacidad craneal, pasando de los 450 cm^3 del *Australopithecus* a los 1.350 cm^3 del *Homo sapiens*, que total, ¿para qué?, si seguimos empujando en las puertas que pone «Tirar».

Así que no venimos de Dios, ni del mono; venimos de África. Por lo tanto: Racistas 0 - Evolución 1.

HOLA, GUAPA: ¿CAZAS O RECOLECTAS?

Una de las primeras nociones que tenemos de la prehistoria, además de que todos parecían vivir en cuevas e ir en pelota picada, es la idea de que los hombres cazaban y las mujeres recolectaban, es decir, los varones tomaban su lanza y se iban a perseguir bisontes por las praderas y las mujeres se iban a recoger castañas. Pues... ¡SORPRESA!,

resulta que no, que esta imagen de la prehistoria es errónea y no sabemos si es por influencia de los Picapiedra o porque tendemos a extrapolar nuestra forma de vivir a otras épocas, pero esto no era así. La vida en la prehistoria no giraba en torno a la familia, como está estructurada nuestra sociedad, sino que se organizaba alrededor de la tribu. Esto significa que los chiquillos eran cuidados entre todos los miembros de la tribu mediante la cooperación y la ayuda mutua, por lo cual no era necesario que la mujer fuese la persona en la que recayese la tarea de atender a los hijos, de modo que en esta época las típicas frases de: «Recoge tu cueva, que la tienes hecha una pocilga», «Cómete ese tuétano de mamut rápido, que se le va la vitamina» o «¿Cuántas veces te tengo que decir que no pintes bisontes en las paredes de tu cuarto?» se las podían decir cualquier miembro de la tribu, no solo los progenitores. Al no tener que preocuparse de amenazar con la chancla a los críos, y al no haber chanclas tampoco, la mujer se podía dedicar a otros menesteres. Es cierto que estas tareas podían ser cazar o recolectar, y en base a las pinturas encontradas en Damaraland y en Bramberg y a los huesos de las neandertales que muestran las mismas heridas y traumatismos que sus congéneres masculinos sufrían al cazar, podemos decir sin temor a equivocarnos que las mujeres también cazaban.

También es cierto que hay que explicar que el concepto de caza que nos ha llegado hasta nuestros días está un poco tergiversado por la épica, ya que la imagen de unos individuos persiguiendo a un animal mientras le clavan lanzas y luchan con él hasta la muerte del bicho habría que dejarla para Tordesillas, pues en la prehistoria se cazaba de una manera diferente. En la prehistoria, las sociedades tenían poco desarrollados algunos aspectos sociales y la tecnología, pero no eran tontos, y ante todo lo que buscaban era sobrevivir; y enfrentarse cara a cara a un uro, que era como un toro bravo pero de dos metros de alto, o a un oso o a un bisonte de novecientos kilos, no era lo más apropiado para sobrevivir. La imagen de unos hombres melenudos atacando a un bicho enorme habría que sustituirla por la de un grupo de mujeres y hombres que perseguían y asustaban a un animal de gran tamaño hasta hacer que se dirigiera hacia algún barranco o zona pantanosa donde el animal quedaba inmovilizado; estos lugares eran los llamados *kill sites* y en ellos el animal quedaba atrapado y sin opción de defenderse, e incluso podía llegar a saltar por los barrancos para huir de los cazadores, lo que provocaba su muerte sin que sus perseguidores tuviesen que hacer más esfuerzo que el de asustarlo y así no tener que correr riesgos.

El problema es que estos barrancos y estas zonas pantanosas donde cazaban no aparecen pintados en los murales, y solo han sido descubiertos mediante la labor arqueológica. Tiene cierta lógica que estos lugares no salgan representados, porque claro, por un lado, pudiendo hacer que el animal se mate solo, ¿quién va a querer enfrentarse únicamente armado con un palo con punta a un bicho que de un zarpazo te arranca medio cuerpo, en un mundo en el que no existía seguridad social, ni médicos ni aspirinas? Pero, por otro lado, que no supieran hacerse ropa no significa que fuesen tontos: ¿quién iba a querer pasar a la posteridad en un mural por haber asustado a un bisonte hasta que este se había despeñado por un barranco, pudiendo contar que luchó ferozmente contra él y le ganó?

Así que podemos decir, por una parte, que la caza era menos épica de lo que parece, y que es más fácil recolectar unas manzanas que matar un bicho de novecientos kilos, y por otra, que sí, que las mujeres recolectaban, pero igual te recolectaban una manzana que un mamut.

EL ARTE PREHISTÓRICO: ¿TANTO SE ABURRÍAN?

Todos hemos visto en el colegio alguna imagen de los bisontes de Altamira o de los caballos de la cueva Chauvet-Pont d'Arc. Y a todos nos han dado decenas de explicaciones sobre el porqué de estas pinturas. Todas tenían las mismas posibilidades de ser infundios que de ser verdad, porque, seamos realistas, son interpretaciones hechas desde el presente de una obra de arte que a saber para qué la hizo el autor, y el arte no sabe hablar por sí mismo. Todas estas hipótesis parecían tener mucho más empaque cuando veías las que daba History Channel y las comparabas, pues ¿sabéis a qué las achacaba este canal de televisión? Exacto: a los aliens. Como todo, vamos. La evolución, aliens; los nazis, aliens; las pirámides, aliens; las casas de empeños, aliens también.

Lo cierto es que todas estas teorías pueden ser falsas o válidas dado que no hay forma de saber por qué a una señora hace 36.000 años le dio por ponerse a pintar monigotes en la pared de su cueva. Es verdad que podemos encontrar imágenes concretas o abstractas, es decir, que podemos encontrar cosas que sabemos lo que representan, en plan bisontes, y cosas de las que no tenemos ni idea de su significado, como un montón de puntos negros en la cueva de El Castillo (Cantabria), y que les tienen la cabeza loca a arqueólogos y antropólogos. Es decir, que si ya les cuesta averiguar qué significado tiene un bisonte, imagínate averiguar el de decenas de puntos, pues el ingenio se dispara y corren ríos de tinta que nosotros, historiadores e historiadoras, pobres pardillos, nos tenemos que leer. Sinceramente, me encantaría que fuesen el juego tipo «une los puntos» más antiguo del mundo y que se hubieran hecho para que los chiquillos dejasen de dar la tabarra. Pero no es así y yo me jodí estudiando todas las teorías, y vosotros os aguantaréis leyéndolas y si queréis las podréis aprovechar para hablar en el bar, para ligar en una fiesta o para contárselas al de al lado cuando estéis en misa. Antes de enunciar dichas teorías, hay que decir que estas representaciones artísticas, presentes en los cinco continentes, estaban pintadas en tonos negros, rojos, amarillos y ocres (vamos, que con una tienda del Desigual no las confundías), y estaban realizadas con carbón vegetal, hematita, arcilla y óxido de manganeso, así como con fluidos y desechos corporales como las heces; sí, has leído bien, heces, la caca es el primer crayón. Además de la pintura, también existían grabados y esculturas, pero esas, a priori, ya no las hacían con heces.

La primera teoría es la que defiende que estos dibujos y grabados tenían un fin chamánico, es decir, que hacían de puente entre el ser humano y el mundo más espiritual y menos tangible. En esta labor de contacto entre el más allá y el más acá, además de las pinturas existía otro nexo de unión: el del chamán, el cual aparece representado en algunas pinturas, como la del «brujo» de la cueva de Gabillou. Este individuo, por su labor, o era el más inestable mentalmente o el que más setas comía, o simplemente el que se había dado cuenta de que, si se dedicaba a pintar bisontes en las paredes y a disfrazarse poniéndose cuernos y pieles de animales, se libraría de tener que ir a cazar o a recolectar. Porque, claro, imagínate que el chamán va a cazar y lo amuza un bisonte y lo deja seco, pues ya se han quedado sin nexo con el mundo espiritual.

Otra teoría es la totémica, que es muy sencillita: según esta teoría, cada grupo humano se sentía representado por una especie, ya fuese animal o vegetal, y de esta unión simbólica nacerían las representaciones. Es decir, que habría unos pocos que, por ejemplo, se sentirían muy unidos al bisonte y, por lo tanto, sentirían una estrecha afinidad entre el grupo humano y el bisonte, y por eso lo irían pintando y grabando por ahí. Vamos, como cuando tú te encargas de poner lo mucho que mola tu carrera en la puerta del baño de tu facultad y lo poco que mola el periodismo, y no porque los periodistas sean malas personas por dedicarse a meterse en el campo de trabajo de los historiadores, por poner un ejemplo.

La tercera teoría, la de la magia, vincula las representaciones con temas como la caza o la fecundidad, es decir, que se supone que si pintaban ciervos, lo hacían en una especie de ritual mágico que los ayudaba a cazar dicho ciervo, y si, por ejemplo, veían que tenían pocos críos o que los que tenían se les morían de moquillo, pues se liaban a dibujar vulvas en las paredes, como es el caso de la cueva de Tito Bustillo en Asturias. Desconocemos si esta técnica es útil, suponemos que no, porque si lo fuera la revista *Jara y Sedal* vendría con un «Pinta y colorea» de regalo.

Otra teoría, mi favorita, es la del arte por el arte. Es mi favorita porque es la más bajonera y la menos currada de todas. Esta teoría afirma que el arte se crea simplemente por ocio, que no buscaban otra cosa más que entretenerse y poner bonito el lugar donde vivían y sus pertenencias. Lo malo es que esta teoría se desmonta sola, porque hay muchas pinturas y grabados situados en las profundidades de las galerías, lejos de los hábitats, en sitios muy poco accesibles, y mucho tiene que aburrirse alguien para ponerse a hacer espeleología y contorsionismo a fin de pintar un monigote en las entrañas de la tierra, aunque por otro lado no hay que desdeñar el poder del aburrimiento humano.

La teoría estructuralista afirma que las cuevas estaban organizadas en torno a dos ideas, lo masculino y lo femenino; por lo tanto, podemos encontrar pinturas que simbolicen cada uno de los conceptos o algunas que los reflejen juntos. Esto significaría que en esta época existía una cosmogonía dualista que se movía entre estos dos conceptos, que juntos generaban vida.

En resumen, que puede ser que lo pintase un chamán para comunicarse con el más allá, o como modo de representar a la comunidad, o por aburrimiento, o para cazar más o para representar su forma de concebir el mundo. Pero, porque siempre hay un pero, esto solo son hipótesis, y no hay manera de demostrarlas, así que igual yo me las he estudiado para nada y encima os las he hecho leer a vosotros.

NEANDERTALES Y *SAPIENS* Y VICEVERSA

Hubo otra especie humana destacable aparte del *Homo sapiens*, el *Homo neanderthalensis*, y la imagen que hasta nosotros ha llegado es de unos seres desmañados, con la frente muy grande, que andaban un poco encorvados, muy fuertes, más brutos que un arado, semidesnudos y cubiertos de pelo, con unas melenas propias de un seguidor de Iron Maiden y más tontos que una piedra. Esto se ha quedado grabado a fuego en nuestra mente hasta el punto de que hemos llegado a utilizar la palabra «neandertal» como sinónimo de atrasado, pero no eran así ni de lejos.

Para entender a los neandertales, primero hay que comprender el mundo donde vivían, y ese mundo era muy variado, ya que existían diversas especies humanas conviviendo juntas. Los neandertales dominaban Europa; los *sapiens*, África; en Asia estaba el *Homo erectus*, y en la región de Indonesia, el *Homo floresiensis*, también llamado «hombre de las flores», que era muy chiquitico, tan solo medía 1,06 metros de altura, lo que les ha valido el apodo de hobbits. El *Homo erectus* se extinguió hace 70.000 años, y el *Homo floresiensis*, hace 50.000 años, y no debido al empuje de las tropas de Isengard, sino que justo coincidió con la expansión del *Homo sapiens* por esta zona. ¿Casualidad?, no lo creo.

El *Homo neanderthalensis* apareció en la Tierra en un periodo que comprende entre el 230.000 y el 28.000 a. e. c, lo que quiere decir que si el *Homo sapiens* apareció como mínimo hace 315.000 años, todo el tiempo que los neandertales estuvieron campando por el mundo, lo hicieron a la vez que los *Homo sapiens*. Las áreas geográficas en las que se movían estas especies no eran estancas, es decir, que ni había fronteras entre ellos ni mierdas parecidas: cuando los hielos del norte avanzaban, los neandertales emigraban al sur buscando el calorcito y mejores condiciones de vida, y cuando el Sahara comenzó a convertirse en lo que es hoy y los *H. sapiens* se percataron de que allí no se podía vivir, emigraron al norte y entonces estas dos especies se encontraron.

Este encuentro se produjo hace 120.000 años: cuando la última edad de hielo hizo a los neandertales viajar hacia el sur, esta glaciación, Wurm, coincidió con un periodo de crecimiento del Sahara, es decir, el desierto avanzó y tapó con su arena las verdes praderas que previamente habían ocupado parte de esta región, que no siempre ha sido desértica, antes era una inmensa pradera verde con animales y lagos; pero esta situación comenzó a cambiar y el *H. sapiens* intentó cruzar el desierto, pero pensó: «¿Cómo cruzo yo nueve millones de kilómetros de sol abrasador y desierto sin palmar por el camino?». Pues dando un rodeo. Y así lo hicieron, los *H. sapiens* entraron en Europa por la zona de Oriente Medio, y el Sahara, barrera natural que había protegido a los neandertales de la emigración, y por lo tanto de la competencia, dejó de ampararlos.

En esta época comenzaron a compartir territorio en el suroeste asiático, y no fue lo único que compartieron, porque esta convivencia en ocasiones se saldó con un erótico resultado. Los gráciles *H. sapiens* se juntaron con los robustos neandertales, lo que ha quedado patente gracias a los análisis de ADN de los fósiles humanos encontrados. Estos análisis del genoma neandertal nos cuentan que, en efecto, entre neandertales y *H. sapiens* hubo un poco de wiki-wiki, pero no solo entre estos, sino también entre neandertales y denisovanos, que es otra especie de homínido que convivió con esta gente en Asia central. Además, se ha descubierto que en este genoma neandertal, aparte de estar presente el genoma de los *H. sapiens* y los denisovanos, existe también el genoma de una especie más de la que nada se sabe ni nada se ha encontrado. Es decir, que los neandertales no parecían tener prejuicios y se apareaban con todo lo que andaba a dos patas.

Todo ello nos indica que si los neandertales se arrejuntaron en ocasiones con los denisovanos y con otros que no sabemos ni cómo se llaman, a pesar de ocupar estas dos especies lugares muy concretos, también lo hicieron, y de manera repetida, con los *H. sapiens*. Hasta tal punto que un 2 % del ADN de los humanos modernos euroasiáticos es de origen puramente neandertal. Si es que, en el fondo, aunque los neandertales desaparecieron de la faz de la Tierra, siguen vivos en nosotros, en nuestros corazones, literalmente hablando.

Ahora que sabes que tu tatarabuelo era neandertal, seguro que te surgen dos preguntas: ¿eran tan catetos los neandertales como nos los pintan? Y ¿por qué desaparecieron? Respecto a la primera, podemos decir con toda seguridad que no, que no eran tontos: tenían un desarrollo artístico importante, al igual que una estructura social compleja, y se sabe que practicaban el canibalismo ritual, pero también la compasión por sus congéneres enfermos o desvalidos. Aunque, en comparación, es cierto que el arte del *H. sapiens* era más complejo, al igual que su estructura social.

Respecto a la desaparición de esta especie, se produjo un poco por sus limitaciones en ciertos campos, aunque en otros eran superiores: por un lado, tenían menor capacidad tecnológica que los *H. sapiens*, pero estaban mejor adaptados al frío; tenían peores armas y cazaban en grupos menos numerosos que los *H. sapiens*, pero eran más robustos, lo cual no les evitaba sufrir muchas más heridas cazando. Todo ello supuso que, a pesar de las ventajas físicas de los neandertales, fueran los *H. sapiens*, gracias a la tecnología, los que lograran adaptarse mejor a los ecosistemas y, por lo tanto, sobrevivir en mejores condiciones, lo cual implicó un aumento de población y significó la ocupación de nuevas tierras. Esto se tradujo en el desplazamiento, no necesariamente violento, de los neandertales a zonas peores, donde era más difícil la vida y más fácil la extinción. Además, eran una especie puramente de bosque o sabana, no de estepa, pero el cambio climático de la época transformó los ecosistemas, por lo que modificó la fauna a la que se habían acostumbrado a cazar por una fauna que requería una mejor tecnología, de la que ellos carecían.

EL CINE Y LA PREHISTORIA

Si hay una época histórica que se ha visto maltratada por el mundo del celuloide, esta ha sido la prehistoria. Este periodo ha sido vapuleado por directores y guionistas en películas como *Cuando los dinosaurios dominaban la tierra* (1970), dirigida por Val Guest, en la que plantan a una semidesnuda Victoria Vetri ante una comunidad que la quiere sacrificar a los dioses para descubrir los misterios de la vida, entre los que suponemos que el rigor histórico está ausente. La cosa es que la chica escapa y gracias a Dios se encuentra con un maromo que la salva, porque las chicas en el cine no se saben salvar solas, y menos en los años setenta, y con este maromo se tiene que enfrentar a los peligros de la época: los dinosaurios, que se habían extinguido hacía millones de años, pero da igual. Esta película, rodada en las islas Canarias, y su predecesora, *Hace un millón de años* (1966), en la que se repite el mismo argumento (una mujer semidesnuda en peligro y un hombre luchando contra los dinosaurios), contribuyeron en gran manera a extender la imagen de humanos melenudos corriendo delante de un tiranosaurio; podemos justificarlo diciendo que estas películas eran viejas, y a fin de cuentas, ¿ellos qué sabían sobre la prehistoria? Pero es que estas cosas también pasan en la actualidad, como podemos comprobar con la película *10.000 B.C.* (2008), que equivale a coger un manual de prehistoria de los de seiscientas páginas y pegar con él a Juan Luis Arsuaga. Porque poner a los mamuts construyendo las pirámides de Egipto para una raza alienígena es un delito, y gordo.

La mayoría de las películas se centran en sociedades recolectoras y cazadoras y se olvidan de los primeros asentamientos estables y del nacimiento de la agricultura, porque claro, hacer una peli de un tío cogiendo cebada tiene que ser de un aburrimiento monumental, y el espectador prefiere ver aventuras de un tío con una lanza.

En este sentido, una de las mejores películas que se han hecho sobre esta época, porque también las ha habido buenas, es *En busca del fuego* (1981), dirigida por Jean-Jacques

Viendo *10.000 a.C.* con una historiadora:

Annaud. Sin embargo, en ella se muestra otro tópico del cine sobre la prehistoria: los encuentros entre *H. sapiens* y neandertales. En este filme, un grupo de neandertales se queda sin fuego, porque lo saben mantener pero no crearlo, pues eran retrasados, no lo olvidemos, los listos éramos nosotros. Por ello, tienen que ir a buscarlo hasta que unos *H. sapiens* les enseñan a hacer fuego: eso sí que es una alianza de civilizaciones.

Luego hay otra película que está bastante bien ambientada, pero que resulta muy aburrida, más que un acuario de almejas; me refiero a *El clan del oso cavernario* (1986), dirigida por Michael Chapman. Esta es la típica película de la que podríamos decir «Me gustó más el libro», pero reconozco que no me lo he leído, aunque seguramente sea así. Este filme también aborda el contacto *sapiens*-neandertal, dado que relata que unos neandertales se encuentran una niña *sapiens* y la cuidan; la niña crece junto a ellos y les da sopas con honda, porque es más lista, y, claro, ellos se ofenden y la echan de la tribu porque además de tontos son envidiosos.

Así que podemos decir que solo un par de películas se salvan y que las demás son relatos fantásticos, con altas cantidades de erotismo y mentirijillas.

LO QUE NO SABÍAS DE LA PREHISTORIA

(O quizá sí.)

- Las primeras cirugías se realizaron en la prehistoria, concretamente se hicieron trepanaciones, que consistían en la perforación del hueso del cráneo para llegar al cerebro. Los cráneos trepanados más antiguos que se conocen fueron hallados en Ucrania, en el yacimiento de Vasilyevica II, y tienen una antigüedad de entre 8.000 y 7.500 años.
- En Shanidar, en el Kurdistán iraquí, se encontraron los restos de un neandertal cojo, ciego de un ojo, con el brazo derecho amputado y sordo, lo cual le habría hecho completamente vulnerable al entorno que lo rodeaba hace 50.000 años; esto nos indica que su supervivencia hasta una edad muy avanzada para la época, cuarenta años, es fruto de la ayuda prestada por sus congéneres, lo cual pone de relieve un alto nivel de apoyo social entre estos humanos y desecha la teoría de que eran unos seres embrutecidos.

- El templo más antiguo del que se tiene constancia fue hallado en lo que hoy es Turquía, en el yacimiento conocido como Göbekli Tepe. Tiene unos 11.500 años y fue construido por cazadores-recolectores antes de que comenzase la sedentarización, es decir, se erigieron templos antes de que la gente se estableciese en ciudades.
- La escultura más antigua encontrada hasta la fecha es la Venus de Hohle Fels, encontrada cerca de Schelklingen, en Alemania, y tiene aproximadamente 35.000 años de antigüedad. Está esculpida sobre un marfil de mamut y representa una figura femenina con los atributos sexuales muy exagerados. Es decir, que esta gente ya tallaba en hueso decentemente hace 30.000 años, y tú, en cambio, no has pasado de hacer un cenicero de arcilla para tu padre.
- El título de la primera ciudad conocida se lo disputan Jericó y Uruk, en Palestina e Irán, respectivamente. La primera se construyó hace 10.000 años y la segunda hace 6.000, y el debate se debe a que muchos consideran que, en los primeros 4.000 años, Jericó fue simplemente una aldea.
- Una de las primeras evidencias de guerra en la prehistoria es la fosa común de Talheim, donde los arqueólogos han encontrado restos de una masacre a una tribu rival de hace aproximadamente 7.500 años, donde unas treinta y cuatro personas fueron atadas y ejecutadas mediante un golpe en la sien izquierda. Este yacimiento se encuentra en Alemania. ¿Sorpresa o casualidad?
- Al revés de lo que se cree, en la prehistoria, los homínidos, al menos los neandertales y los *Homo sapiens*, cuidaban de su higiene, dentro de sus posibilidades, y esto lo sabemos porque se han encontrado en los restos de sus mandíbulas una serie de marcas producidas por la limpieza de sus dientes con palillos; del mismo modo, no acostumbraban a arrojar los restos de sus alimentos en las cuevas donde habitaban.
- Al contrario de lo que se cree, no toda la vida en la prehistoria se desarrolló en cuevas, por lo cual el mito del «hombre de las cavernas» tendría que ser desechado, ya que los humanos prehistóricos también habitaron a la intemperie cuando el clima era propicio, así como en abrigos rocosos o en cabañas hechas con los animales que cazaban, como por ejemplo mamut en el caso de las cabañas de Moldavia. Este error se debe a que la mayoría de los restos se han encontrado en cuevas, porque allí se conservan mejor.

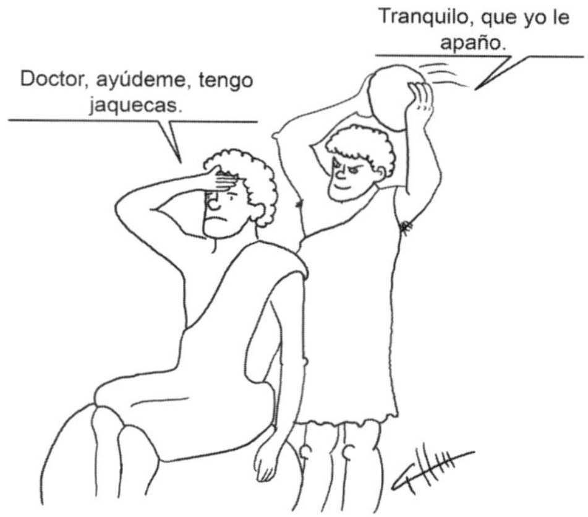

EDAD ANTIGUA

Se conoce como Edad Antigua al periodo histórico que abarca desde la aparición de la escritura hasta el fin del Imperio romano de Occidente. En esta época vemos alzarse imperios como el romano y el egipcio, el florecimiento de las polis griegas y de Mesopotamia, y nacer las primeras leyes, la filosofía y el acoso laboral.

¡QUE LLUEVE!

Parece ser que un buen día se puso a llover, pero no un poco en plan calabobos o chirimiri, no, a llover en plan bien, con generosidad, como no lo han visto en Murcia nunca jamás. ¿Sabéis eso que os dicen vuestros abuelos: «Esto no es llover, en mis tiempos sí que llovía de verdad, no como ahora, que caen cuatro gotas»? Bien, pues llovió más que cuando vuestros abuelos eran mozos, a no ser que vuestros abuelos sean más viejos que Matusalén.

Se conoce que un ser supremo se molestó por la actitud de los humanos, mejorable a su juicio, y no se le ocurrió otra cosa que hacer que se pusiese a llover. «¡Ahí va el Ebro!», debió de gritar este dios, y comenzó a caer agua sin parar, venga a llover, venga a llover, y claro, el nivel del mar comenzó a subir sin ningún control y suponemos que para la gente en un principio estaba bien, que si «Mira, puedo ir al curro en barca», que si «Huy, qué relajante es escuchar el sonido del agua correr» o que si «Mira, cariño, como Venecia». Y claro, siguió lloviendo, y cierto es que poder pescar desde la ventana de tu casa tiene sus ventajas, pero (porque siempre hay un pero) el agua seguía subiendo y cuando llegó ese delicado momento en el que el agua comenzaba a llegarle a la gente a la entrepierna y tenían que andar de puntillas para evitar esa dramática situación de mojarse los bajos, se empezaron a preocupar, y con razón, puesto que no paró de llover hasta que se murieron todos, o casi todos.

¿A qué tradición pertenece esta historia? «A la tradición judeocristiana —diréis—, es lo del Arca de Noé y lo del Diluvio Universal», y tenéis razón en lo de que fue universal, pero no porque se anegara todo el mundo, sino porque el diluvio se conoció desde tiempos inmemoriales en varias civilizaciones.

A nosotros, criados en la tradición judeocristiana, nos llega esta historia a través del Génesis, y nos cuenta cómo Noé, influenciado quizá por un programa de bricolaje, creó un arca, donde metió a su familia y a una pareja de animales de cada especie para salvarlos del gran diluvio que mandó Dios o Yahvé para castigar al mundo por ser un poco gentuza. Esta es la versión más conocida, la que se ha llevado a la gran pantalla y la que nos ha llegado a nosotros, pero hay muchas más, como la del *Poema de Gilgamesh*.

Esta versión mesopotámica es muy parecida a la judeocristiana, o al revés, porque es más antigua. No son muy diferentes, ya que en esta también hay un dios enfadado con los humanos, en este caso Enlil, al cual los humanos le molestaban por ruidosos y por ello decidió ahogarlos; tal vez de aquí provenga la ancestral tradición de tirarle un cubo de agua por la ventana al que hace ruido en la calle por las noches, quién sabe. El bricolaje también está muy presente, ya que el dios Ea advirtió a un tal Uta-na-pistim para que construyese un arca en la que meter animales y semillas. Uta-na-pistim y su familia se salvaron del diluvio, y para corroborar que las aguas estaban bajando soltó un cuervo, y no una paloma como haría Noé.

Vemos que estas dos versiones son muy similares, sospechosamente similares, pero es probable que ello se debiese a la cercanía de las dos sociedades y a que una bebiese de la otra, si bien existen muchas más versiones y de zonas mucho más alejadas, como es el caso de la leyenda china de la Gran Inundación de Gun-Yu. Esta versión habla de una gran inundación que se prolongó durante al menos dos generaciones, y gracias a la arqueología se ha averiguado que fue verdad, ya que en torno al 1920 a. e. c. se produjo un gran diluvio que destruyó la zona alta de la garganta del río Amarillo.

Para los hindús, al diluvio también se le hizo frente construyendo un arca, en este caso la construyó el rey Svayambhuva gracias al aviso de Visnú; sin embargo, este no fue un diluvio como tal, ya que el agua provenía del mar.

En el caso de los griegos, el diluvio también fue un castigo divino por parte de Zeus, que se había enfadado con los humanos por haber aceptado el fuego que Prometeo había «cogido prestado» del monte Olimpo. Los únicos que se salvaron fueron Pirra y su esposo Deucalión, que encima era hijo de Prometeo; es decir, que su padre roba el fuego, se lo da a unos señores y Zeus mata a todo el mundo menos al hijo del ladrón, que no es que fuese culpable de que su padre tuviese la mano larga, pero parece un poco injusto.

En el ámbito de la América precolombina también existe el mito del diluvio, como en el caso del pueblo mapuche, el cual cuenta que en el mundo habitaban dos serpientes, la llamada Tren Tren Vilu, amiga de los hombres, y Cai Cai Vilu, enemiga de estos. La primera de ellas advirtió a los hombres de que la otra planeaba su desaparición mediante un gran golpe de mar, por lo que les instó a subir a la montaña donde ella vivía, pero pocos acudieron a su llamada y el agua comenzó a subir; los que no fueron se ahogaron y se convirtieron en los peces; los que sí fueron se salvaron gracias a la ayuda de Tren Tren Vilu.

Por lo tanto, podemos ver que o bien unos relatos se han ido copiando de los otros, lo cual parece imposible al existir pueblos americanos con la misma leyenda, o bien pasó algo a nivel global que hizo que subiesen las aguas. Se barajan las hipótesis de tsunamis y del fin de la glaciación, así como la de la creación de estos mitos para explicar en esta época la aparición de fósiles marinos en zonas donde no había mar. Es decir, que quizá se encontraron restos fósiles de peces extintos muy lejos del mar, y estas sociedades se inventaron todo el asunto del diluvio para justificar la aparición de estos restos tan lejos de donde, en teoría, tendrían que estar. Por último, hay una teoría más global que afirma que el diluvio es consecuencia de la catástrofe de Toba, que fue una erupción a gran escala de un volcán en Indonesia que produjo un «invierno volcánico», que es una bajada enorme de temperatura causada por ceniza volcánica y motas de ácido sulfúrico, que impiden que pasen los rayos de sol y den calorcito a la Tierra. Ese invierno que duró aproximadamente seis años se caracterizó por ser muy lluvioso, y quizá a este periodo se refieren las leyendas anteriormente citadas.

Son muchos los puntos en común entre todas estas versiones, y lo más curioso es que no son las únicas similitudes entre las diversas religiones, ya que también existen numerosas «coincidencias» en las biografías de algunos dioses. Porque Jesús no fue el único en nacer de una virgen un 25 de diciembre, también lo hicieron Horus, Mitra, Buda y Attis, los cuales resucitaron también al tercer día. Jesús, al igual que Dioniso, transformó el agua en vino, y al igual que Krishna, además de ser anunciado por una estrella, curó a leprosos y ciegos.

Podemos ver que antiguamente la creatividad no estaba al orden del día, pero parece ser que la lluvia sí, y además en abundancia; una mala época para no haberse inventado ni el paraguas ni las botas katiuskas, con esa pobre gente ahí, con los pies mojados y acatarrándose en un mundo sin pañuelos de papel para sonarse los mocos ni analgésicos.

EL OTRO MÁS ALLÁ DE LAS MOMIAS

Parece difícil pensar en el Antiguo Egipto y no acabar acordándose inevitablemente de las momias, ya que esta forma que tenían los egipcios de embalsamar a sus muertos causó fascinación en Occidente desde que los griegos llegaron a Egipto. Los egipcios fueron grandes momificadores, lo mismo te momificaban un faraón que un escriba, un cocodrilo o un monete.

El proceso de momificación era largo y complejo, y fue cambiando con el tiempo, pero en líneas generales podemos decir que el primer paso era que se muriese el fulano en cuestión, porque momificar a alguien en vida está feo. Después, el cuerpo se lavaba y se llevaba a embalsamar a un lugar donde se le sacaba el cerebro por la nariz con un hierro candente y se le extraían los pulmones, el hígado, el estómago y los intestinos a través de una incisión hecha en el abdomen. A continuación, por esta misma incisión se metían dentro del cuerpo saquitos de natrón, resina, lino y mirra para desecarlo por dentro. Cuando el cuerpo ya se había rellenado, se enterraba en natrón durante cuarenta días; transcurrido este tiempo, el cuerpo se limpiaba de nuevo y se le extraían los saquitos antes mencionados. Tras procederse al vendaje, la momia ya estaba preparada para ser enterrada, pero a muchas de las momias no las esperaba el más allá, sino destinos mucho más rocambolescos.

Uno de los primeros usos que se les dio a las momias fue el causante de que las conozcamos por el término persa *mumia*, ya que los egipcios las denominaban *sah*. Y es que resulta que, según afirmaba en sus escritos Plinio el Viejo, desde hace dos mil años existía un remedio curativo hecho a base de betún, que afloraba de manera natural en la tierra de los persas y era llamado *mumia*. Este remedio comenzó a ser tan demandado a partir del siglo X que llegó casi a agotarse. Los comerciantes de este remedio, que de tontos no tenían un pelo, al ver que se les acababa el chollo descubrieron que los miles de cuerpos momificados de los antiguos egipcios podían ser un magnífico sustituto, ya que tenían gran cantidad de aceites y resinas. Estos cuerpos, debidamente tratados, podían adquirir un aspecto muy similar al del betún. El verdadero origen de este remedio se acabó conociendo con el paso de los años, y se comenzó a vender el llamado «polvo oriental», que no era otra cosa que momias trituradas. Este polvo, al que se le atribuía la cualidad de curarlo todo, fue muy demandado en Europa por las clases altas, y destaca el gran consumo de Francisco I de Francia. Aunque algunos galenos denunciaron la falsedad de las capacidades curativas de estos polvos, el consumo siguió en auge durante largo tiempo.

Parece extraño que la gente se intentase curar tomando momias trituradas, pero no es lo único que hicieron con ellas, ya que en el siglo XVIII, en pleno Siglo de las Luces, los pintores, que de luces no parecían ir sobrados, descubrieron que, si mezclaban resina disolvente y polvo de momia, les salía un color marrón maravilloso para pintar sus grandes obras, color que fue bautizado como «marrón momia» y lo usaron, entre otros, Eugène Delacroix, así que quién sabe si la falda de la mujer del cuadro *La libertad guiando al pueblo* no está pintada con un glúteo triturado de la momia del escriba de Tutmosis III.

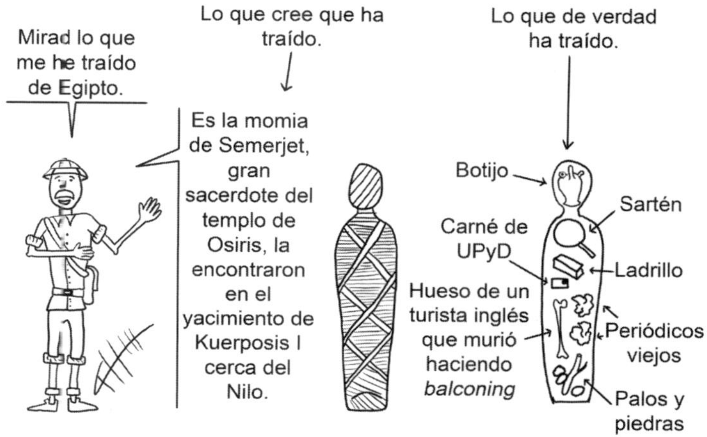

Otro de los usos que se les dio a las momias, o más bien a sus vendajes, fue el de hacer papel para la Guerra Civil estadounidense, ya que en esa época

(1861-1865) aún no se usaba pasta de madera para fabricar papel, y las momias resultaban tan baratas que un empresario norteamericano importó un cargamento de ellas para hacer un vasto papel de estraza usando como materia prima sus vendajes, ya que cada una de ellas llevaba unos veinte kilos en vendas. En esta misma época, el escritor Mark Twain, en su viaje a Egipto, aseguró que vio como el fogonero del tren en el que viajaba utilizaba como combustible para la caldera antiguas momias. ¿Es esto verdad? Pues no lo sabemos, porque cualquiera se fía de Mark Twain. Lo que sí que es cierto es que, debido al embalsamamiento, cada momia puede aportar unos veinticinco kilos de vendas impregnadas de aceites y resinas con un alto poder calorífico.

Finalmente tenemos que decir que las momias también han sido utilizadas como souvenir o como recuerdo, es decir, que tu tío, el de Londres, se iba en el siglo XIX a visitar el enigmático Egipto y, a la vuelta, se presentaba en casa con dos gatos momificados y una momia de un señor que se suponía que había sido faraón, pero que en realidad era otro inglés que se había ahogado en el Nilo un año antes y al que algún pícaro había momificado para vendérselo al guiri de turno, es decir, a tu tío. Los continuos viajes de la élite, sobre todo la inglesa, a Egipto, y su forma de entender las momias como meros *souvenirs* despertaron un gran interés por ellas, pero no solo se llevaron momias de recuerdo, sino que también se las llevaron a Londres para, en mitad de sus fiestas, desvendarlas a fin de ver qué tenían dentro. Hoy los *millennials* lo llamaríamos «unboxing»; los egiptólogos, «atentado contra el patrimonio», y los londinenses ricos, «ocio y tiempo libre». Sea como fuere, mediante estas prácticas desaparecieron muchas momias reales y otras tantas falsas, pero aun así sobrevivieron unas cuantas, como la de Ramsés II, que fue desvendada y expuesta en el Museo Egipcio de El Cairo hasta que un día, por un cambio de temperatura, un tendón del brazo se contrajo y la momia lo movió, para espanto de los asistentes.

Tal que así quedaría el Museo Británico si devolviesen a su región todas las piezas.

Hoy en día podemos encontrar momias en un montón de lugares de Europa, y no me refiero a tu abuela cuando viaja con sus amigas, me refiero a que numerosos museos de fuera de Egipto poseen momias extraídas de dicho país. Podemos quejarnos y podemos decir que está mal, que esas momias deberían estar en Egipto, como los obeliscos o la piedra Rosetta, pero, claro, si nos ponemos a devolver todo a sus lugares de origen, igual el Museo Británico se queda vacío.

LA BATALLA DE QADESH Y LA PROPAGANDA

Qadesh fue una ciudad a orillas del río Orontes, en lo que hoy es Siria, o mejor dicho, en lo que hoy queda de Siria. La primera noticia que tenemos de esta ciudad es que se alió con Mitani (también en Siria) y Megido (al norte de Jerusalén) para luchar contra el faraón egipcio Tutmosis III, que por aquel entonces, el siglo XV a. e. c., decidió volver a imponer su poder sobre los antiguos dominios egipcios en Siria, los cuales se habían confederado de manos de los príncipes sirios y habían decidido que los impuestos implantados por Tutmosis I los iba a pagar Rita la Cantaora. A Tutmosis III le hizo cero gracia que esta gente se confederase y decidiese que no le iban a pagar los impuestos establecidos por su abuelo, así que cogió a sus ejércitos y se puso rumbo a Megido, donde venció a las ciudades confederadas, con lo que Qadesh pasó a ser vasalla de Egipto.

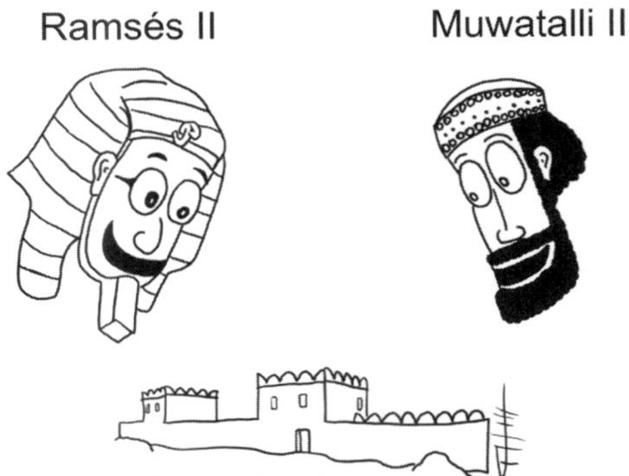

Qadesh, sin saber la que se le viene encima.

Doscientos años después, Qadesh se había convertido en un importante enclave comercial, ya que tenía numerosos recursos naturales y allí confluían las rutas mercantiles de la época, que transportaban vidrio, cobre, estaño, maderas preciosas, joyas, textiles, alimentos, artículos de lujo, loza y porcelana, herramientas y metales preciosos. Por todo ello, además de por su estratégica posición militar, era de vital importancia para cualquier potencia de la región controlar esta zona. Pero había un problemilla para Egipto, ya que, a diferencia de los tiempos de Tutmosis III, Qadesh ya no estaba bajo poder egipcio, estaba bajo dominio de los hititas, que no eran tontos y también se habían dado cuenta de la riqueza que se movía en esta región.

Por lo tanto, nos encontramos con un Egipto que quería controlar esta zona y la miraba con ojos golosos, porque, claro, a ver a quién no le interesa controlar una región como esta, aunque esté en manos de un poderoso imperio como era el hitita. Suponemos que la que no quería este control era la propia Qadesh, pero bueno, a su gente nadie le preguntó; aquí lo que importa es lo que querían los grandes imperios, no las zonas sometidas; como hoy en día, vamos.

Total, que en su carrera por el poder, el Imperio hitita, encabezado por su rey, Muwatalli II, y el Imperio Nuevo de Egipto, liderado por su faraón, Ramsés II, pusieron sus ojos sobre la región siria donde se encontraba Qadesh, lo cual, a la gente que vivía en la ciudad, suponemos que gracia, gracia, lo que se dice gracia, no les hizo.

Ramsés II reunió a su ejército en sus dos grandes bases militares de Delta y Pi-Ramsés, en Egipto, y desde allí, partieron hacia la costa mediterránea con el fin de tomar Qadesh. En 1274 a. e. c., el ejército egipcio, compuesto por carros, arqueros y lanceros, y dividido en cuatro divisiones y un cuerpo de élite destinado a la protección del faraón, llegó a las inmediaciones de Qadesh: en total, cerca de 20.000 hombres se plantaron frente a las murallas de la ciudad siria. Allí los esperaban Muwatalli y su ejército compuesto por hombres de veinte pequeños estados de Siria y Anatolia, en total 27.000 efectivos, de los que hay que destacar 2.500 carros de guerra hititas. Como vemos, se reunieron en torno a Qadesh casi 50.000 señores con pocas ganas de hacer amigos; imaginemos a los vecinos de Qadesh viendo este despliegue con el mismo temor que los vecinos del levante español ven llegar a los turistas ingleses.

Los egipcios se confiaron y dividieron sus fuerzas, y el ejército hitita los sorprendió por detrás. Del susto, los egipcios se pusieron a correr como pollos sin cabeza y muchos desertaron, hasta que Ramsés se puso a liderar personalmente a sus ejércitos, que recuperaron el valor y ganaron la batalla.

Finalizado este combate, los egipcios, siguiendo su tradición, amputaron la mano a los enemigos vencidos, y además Ramsés mandó ejecutar a uno de cada diez soldados egipcios de los regimientos que habían intentado desertar, todo ello frente a la mirada, suponemos que atónita, de los hititas capturados, con el fin de que estos, presos del miedo, se lo contasen a su rey para que este se rindiera definitivamente y cejase en las hostilidades.

Pero… ¿ganó la batalla Egipto realmente? La historia nos dice que sí y las fuentes afirman lo mismo, pero claro, las fuentes que han llegado hasta nosotros son egipcias, en concreto dos bajorrelieves inmensos, el *Poema de Pentaur* y el *Boletín de guerra*, los cuales fueron grabados en numerosos templos con el fin de que el pueblo egipcio supiese de la gran victoria de su faraón y de lo máquina que era este. Es decir, que no sabemos hasta qué punto estos relieves son una exageración del faraón para que todos se pensasen que era un portento y no un zote, o si son realmente una fuente fiable.

Lo que sí es cierto es que Ramsés ganó en el campo de batalla y que Muwatalli pidió el fin de la guerra. Sin embargo, Ramsés no llegó a tomar Qadesh, para alegría de sus vecinos, porque imaginaos lo que pensaría esa gente cuando se enteró de cómo trataba Ramsés a sus propios soldados; lo que les podría hacer a ellos después de que, tras el reinado de Seti I, acabasen nuevamente en el bando hitita. Además, Muwatalli, con la petición del fin de la guerra, ahorró víctimas a su ejército, el cual le haría falta para sofocar futuras rebeliones.

Asimismo, el ejército egipcio retornó cabizbajo a Egipto, seguido muy de cerca por las tropas hititas hasta el Nilo, con lo cual se dio la impresión de que escoltaban a un ejército derrotado y cautivo. Esta imagen de humillación favoreció que otras ciudades se rebelaran contra el poder egipcio.

Además, el fin de esta guerra supuso el primer tratado de paz del que se tiene constancia, el Tratado de Qadesh, el cual detalla cuidadosamente las nuevas fronteras entre ambos imperios. También recoge el compromiso de ambos gobernantes de no volver a luchar entre sí y la renuncia de Ramsés sobre Qadesh y las tierras próximas al río Orontes.

Por lo tanto, aunque aparentemente, y por muy poco, en la batalla el vencedor fue Ramsés II, la guerra la ganó el Imperio hitita, si bien este, como parte del tratado de paz, tuvo que enviar a la hija del rey Hattusili III, sucesor de Muwatalli, para que se casase con Ramsés II cuando este ya contaba con cincuenta años; vamos, que menuda gracia le tuvo

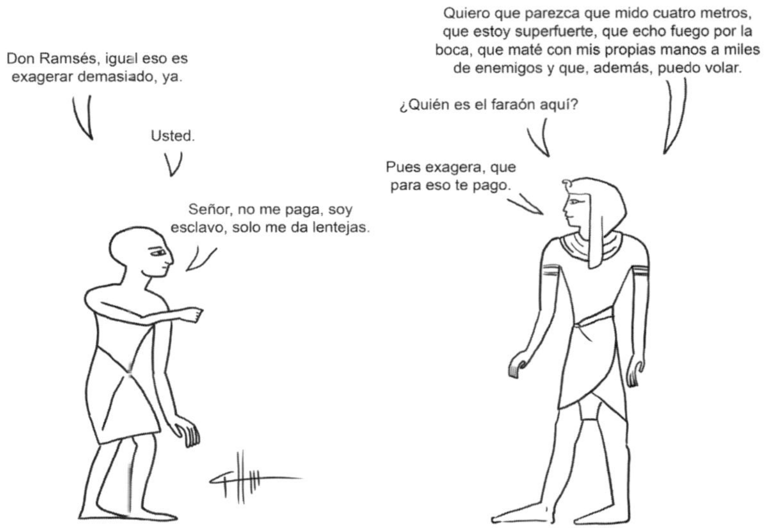

que hacer a la chiquilla tener que casarse con un señor que había invadido su imperio y le había cortado las manos a los suyos. Así, podemos decir que lo único que demuestran los monumentales bajorrelieves que mandó tallar Ramsés II es que este era un flipado, pero un flipado con un gran servicio de propaganda en sus manos que le hizo parecer a los ojos de su pueblo un glorioso vencedor de una batalla que ganó por los pelos, que por cierto los tenía pelirrojos, y que lo único que sacó de la batalla fue una mujer nueva. Aunque hay que reconocerle el ímpetu que puso en hacer de una victoria bastante mediocre algo épico.

LO DE LAS PIRÁMIDES

Muchas incógnitas giran en torno a las pirámides en general y a las de Egipto en particular, sobre las cuales pesan tres interrogantes: ¿quién las construyó?, ¿cómo? y ¿para qué? Realmente no son incógnitas, porque más o menos se conoce la respuesta, pero claro, si no nos vendiesen que son misterios o que cabe la posibilidad de que las construyesen los extraterrestres, se dejarían de hacer documentales y pseudodocumentales, lo cual afectaría negativamente a la gente que trabaja realizándolos, y por lo general esta gente también tiene necesidades alimenticias.

Empezaremos por la última de las cuestiones, explicando para qué hacían las pirámides estos señores. Bien, la respuesta es simple: para enterrar al faraón. Pero no se trataba de un enterramiento del faraón en plan «Oiga, ¿dónde dejamos esto?»; no, las pirámides tenían un carácter monumental que pretendía, según los textos de los propios egipcios, «contener la esencia del rey por toda la eternidad»; vamos, como si el faraón fuese un perfume y la pirámide, un frasquito, en este caso un frasquito compuesto por 27.000 bloques de piedra caliza blanca, de varias toneladas cada uno. Bien es cierto que el objetivo primordial de estas construcciones era el de servir de enterramiento al faraón, aunque también tenía como fin honrar a sus dioses, que no eran pocos, precisamente. Hay quien afirma que las pirámides fueron graneros, como es el caso de Ben Carson, aspirante a la Casa Blanca en 2016, miembro del gabinete de Donald Trump y neurocirujano. Esta confusión, que se soluciona hojeando un libro de primaria, tiene su explicación en la historia bíblica, la cual asegura que José, no el padre de Jesús, sino el hijo de Jacob, el de las doce tribus de Israel, fue vendido por su hermano como esclavo a Egipto y que este ayudó a los egipcios a superar unas hambrunas almacenando grano. Hasta ahí todo bien, bueno, todo menos lo de que tu hermano te venda como esclavo, que está bas-

tante feo; ahora bien, en la Edad Media, cuando los cristianos vieron las pirámides se vinieron arriba y pensaron: «Estos deben de ser los graneros de los que habla la Biblia», y les pareció tan convincente que tiraron para adelante con esta idea. De hecho, en la iglesia de San Marcos, en Venecia, hay una representación medieval de la azarosa vida de José, que muestra a la gente usando como granero la pirámide de Guiza. Por su parte, san Gregorio de Tours, en el siglo VI decidió aportar su granito de arena y afirmó que las pirámides tenían esa forma para echar el grano por un supuesto agujero en su parte superior y almacenarlo; y lo dijo así, sin haberse molestado en mirar si tenían agujero o no, que menos mal que no porque tú imagínate erigir ese mamotreto y luego tener que subir saco a saco el grano para almacenarlo. Esta teoría hizo aguas en el Renacimiento, ya que se les ocurrió la brillante idea de dejar de elucubrar e investigar un poco más, y descubrieron que cuando José andaba danzando por Egipto las pirámides ya llevaban en pie dos siglos y medio. Respecto a quién las construyó, la respuesta también es sencilla: los alienígenas, está claro, porque están alineadas con las estrellas y algunas constelaciones; por lo tanto, son utilizadas por las naves alienígenas a modo de señales de tráfico o navegación para que no se pierdan cuando vienen a meterles sondas anales a colgados del Medio Oeste estadounidense que, por lo general, viven en parques de caravanas y tienen la cabeza un poco averiada, y no lo digo yo, lo dice el Canal Historia. «Pero ¿qué dice este?», os estaréis preguntando. «Si eso es una magufada,[1] las pirámides las hicieron

1. Designa el dicho o hecho propio de un «magufo», acrónimo de «mag(o)» + «ufó(logo)», es decir, propio de alguien que promueve, cree o comercia con fenómenos paranormales o pseudocientíficos como la ufología, la magia, la telepatía, etc.

los esclavos.» Sí, tranquilos, era broma; sé que no las construyeron los alienígenas, no soy el Canal Historia, soy *Historia en Meme*; ahora bien, he de decir que tampoco las construyeron los esclavos.

«¿Cómo que no?», diréis. Pues como que no, amiga, pero, gracias a la tradición judeocristiana y a Hollywood, la imagen que nos ha llegado de los constructores de las pirámides es la de miles de esclavos tirando de unos bloques de piedra enormes por una cuesta de arena. Pero no es así, y no porque no tirasen de esos bloques, sino porque esclavos no eran: frente a Hollywood y la tradición judeocristiana, en esta cuestión, se encuentra la labor de los arqueólogos.

Estos arqueólogos han encontrado en las inmediaciones de las pirámides de Guiza una serie de tumbas que pertenecen a las gentes que construyeron las pirámides; es cierto que, en comparación con las dimensiones y la majestuosidad de la pirámide, estas tumbas son una cagarruta, pero son lo suficientemente lujosas como para permitirnos afirmar que no pertenecían a esclavos, sino a trabajadores libres. Además, estas tumbas están construidas en la misma área sagrada y ceremonial en la que se encuentra la tumba del faraón, es decir, la pirámide. El hecho de que dejasen a esta gente que se enterrase tan cerca de su líder invita a pensar que no eran los famélicos esclavos que nos muestran las películas. Las condiciones laborales en las que desarrollaban su trabajo no las conocemos; solo sabemos que eran hombres libres y que comían abundante carne enviada desde el delta de Nilo; por lo tanto, es imposible saber si había sindicalistas, piquetes y esquiroles, aunque igual sí, porque la primera huelga de la que se tiene constancia se dio en el reinado de Ramsés III, cuando el día 14 de noviembre de 1152 a. e. c. sesenta artesanos se negaron a realizar su trabajo en el Valle de los Reyes si no se los alimentaba debidamente.

Ahora que ya sabemos que ni eran graneros, ni obra de E.T. o de los esclavos, solo queda saber cómo las hacían, y la verdad es que, a ciencia cierta, lo que se dice a ciencia cierta, no se sabe; existen teorías varias, algunas con personajes bíblicos de por medio y otras con los primos de Alf; sin embargo, nosotros nos decantamos por las desarrolladas por los arqueólogos.

En primer lugar, hay que decir que la forma no es casual; tiene una explicación muy sencilla: la forma piramidal es la más sólida para crear estructuras lo más altas posibles, pues no hacen falta arcos, ni contrafuertes, se sujeta sola. Además, la pirámide es la evolución de la mastaba, que era una construcción funeraria trapezoidal típica del Antiguo Egipto, y si se superpone una mastaba más pequeña a otra de tamaño superior, se crea una pirámide escalonada, como la de Saqqara. Ahora bien, ¿cómo se amontonaban miles de bloques de piedra caliza de dos toneladas y media sin tener grúas hidráulicas, ni camiones para transportarlas, ni la poción mágica de Astérix? Pues resulta que los bloques de piedra los transportaban por el río Nilo a través de más de ochocientos kilómetros, desde Asuán hasta Guiza; luego los descargaban, los acababan de tallar para que tuviesen la forma necesaria y los ponían uno encima de otro, y ahí es donde empieza la movida.

La primera teoría, de Heródoto, nos habla de un sistema de palancas que van subiendo los bloques de nivel en nivel del graderío que forma la pirámide. Diodoro Sículo, por su parte, es el primero en hablar de grandes rampas de tierra, y a partir de esta teoría arqueólogos, egiptólogos, arquitectos y otros pensadores comenzaron una guerra teórica sobre cómo era esa rampa de tierra, que si era una gran rampa perpendicular a una cara de la pirámide, que si una rampa en espiral alrededor de la pirámide e incluso hubo hipótesis acerca de una posible rampa interior. Lo malo de esto es que tanto la posible palanca como las posibles rampas no han dejado restos arqueológicos, por lo cual no son más que teorías. Lo que sí está claro es que, de construir rampas, lo harían con arena mojada porque se compacta mejor y, por lo tanto, los trineos en los que se supone que transportaban los bloques se deslizarían mejor. También está claro que, fuese como fuese, esto se hizo a base de grandes esfuerzos humanos y de matarse a trabajar, literalmente, ya que, como hemos visto, junto a las pirámides se encuentran las tumbas de los trabajadores que se murieron construyéndolas, y no debieron de ser pocos,

porque en esta época la oficina de riesgos laborales todavía no estaba muy asentada y a la gente no le gustaba ponerse el casco ni el arnés, porque no los había.

He de decir, como mera opinión personal, que la idea de que las construcciones monumentales situadas en países considerados como integrantes del llamado «tercer mundo» han sido obra de los alienígenas o fuerzas ajenas al ser humano me parece un tanto racista; es decir, según esto, las pirámides de los mexicas las hicieron los aliens, en los grabados mayas aparecen aliens, las líneas de Nazca también son obra de los aliens, las pirámides de Egipto eran lugares de lanzamiento de las naves de los aliens, los moáis de Rapa Nui también los hicieron los aliens, pero la basílica de Majencio, el Coliseo y el Partenón los hizo el hombre, el hombre blanco concretamente. Igual alguien desconfía de las capacidades artísticas y arquitectónicas de determinados pueblos y prefiere creer que estos trabajos los han realizado unos seres verdes y cabezones antes de pensar que los ha hecho alguien con un tono de piel más moreno que el suyo. Igual, no sé, yo lo dejo ahí.

LA OTRA CARA DE LOS FILÓSOFOS

Si echamos la vista atrás y nos ponemos a pensar en los filósofos, en primer lugar puede que no nos acordemos de nada, pero si nos esforzamos irán surgiendo nombres y conceptos vagamente desarrollados en las clases de filosofía del instituto. La imagen que tenemos de estos señores, porque solo nos enseñan a filósofos hombres, es la de personas rectas en su comportamiento, muy serias y con barba, porque siempre tenían barba y siempre pensaban en cosas que el resto de los mortales ni se plantean. Algunos de estos hombres que se caracterizaban por su vida ejemplar no tuvieron un fin tan ejemplar, es más, tuvieron un fin un tanto ridículo. A continuación, os relataré las muertes más absurdas de algunos de los filósofos y pensadores más importantes.

La vida de Diógenes de Sinope está envuelta en leyenda, al igual que su muerte. Este filósofo perteneciente a la escuela de los cínicos era conocido por dos cosas: la primera, por vivir en la calle dentro de una tinaja o barril, y la segunda, por la contestación que le dio a Alejandro Magno, quien se plantó ante él y le dijo que le podía pedir cualquier cosa, que él se la concedería, a lo que Diógenes, ni corto ni perezoso, le espetó: «Apártate, que me quitas el sol». Pues bien, este señor murió de una forma un poco lastimera, o más bien de varias, porque existen diferentes versiones: una dice que se comió un pulpo vivo y esto le causó un cólico que lo mató; otra versión dice que falleció al caerse de un caballo mientras intentaba repartir pulpo a unos perros, uno de los cuales le mordió e hizo que se escogorciara. La última versión cuenta que Diógenes murió porque decidió dejar de respirar voluntariamente.

Empédocles de Agrigento también tuvo una muerte tan curiosa como su vida, ya que es conocido por haber desviado un río pestilente cercano a la ciudad de Selino para garantizar que las aguas de este no se juntasen con las aguas sanas de donde bebían los vecinos de la ciudad. A esta labor potabilizadora hubo que sumar una serie de curaciones que la gente de aquella época entendió como milagrosas. Era tal la capacidad de este señor que la gente comenzó a adorarlo como a un dios, y claro, a Empédocles se le subió bastante a la cabeza y se lo acabó creyendo, hasta tal punto que tuvo la brillante idea de arrojarse a un volcán, el Etna concretamente, para así acabar su vida de mortal y renacer convertido en un dios. Resultó que, como era lógico, ni dios ni leches, se mató y punto, y de él solo encontraron su sandalia al borde del volcán, lo que llevó a la gente a pensar que igual dios, dios, lo que se dice dios, no era.

Anaxarco de Abdera también vivió en tiempos de Alejandro Magno, pero este, a diferencia de Diógenes, llegó a ser consejero del macedonio. En una ocasión, en un gran banquete, Anaxarco ofendió a Nicocreonte, tirano chipriota, el cual, muy enfadado, ordenó que se asesinase a Anaxarco, pero no de una manera corriente, en plan te doy una paliza y te tiro al río, no. Decidió darle una muerte horrible y dolorosa, y a los chipriotas no se les ocurrió otra cosa que construir un mortero gigante, meter a Anaxarco dentro y machacarlo con unas mazas como si intentasen hacer alioli con el filósofo. Anaxarco, que además de filósofo debía de ser un cachondo, mientras le aplastaban gritó: «Machacad, machacad la bolsa que contiene a Anaxarco, pero a Anaxarco no lo machacáis». Al rey de Chipre no le hizo ni pizca de gracia el comentario y ordenó que le cortasen la lengua al filósofo, pero este se adelantó y de un mordisco se arrancó su propia lengua y se la escupió a Nicocreonte.

Heráclito de Éfeso, a causa de su misantropía, se fue a vivir al monte, donde tan solo se alimentaba de hierbas y vegetales, lo cual le produjo hidropesía, esto es, una acumulación anormal de líquido en alguna cavidad o tejido del organismo. El hombre, viendo que se hinchaba como un gorrino, abandonó su vida en el campo y se fue a la ciudad a visitar a los médicos para ver si podían hacer algo por él. Pero había un problema: Heráclito era filósofo y por lo tanto no podía presentarse ante el médico y decirle: «Oiga, mire, que me estoy hinchando más que un sapo, haga algo, ¡por los dioses!». Él lo tenía que hacer a su manera, es decir, planteando preguntas que nadie entendiese. Total, que se fue a los médicos y les preguntó de forma enigmática «si podrían de la lluvia hacer sequía»; los médicos se le debieron de quedar mirando como si Heráclito estuviese loco, y no le pudieron curar, por lo que el filósofo intentó curarse solo, lo cual es siempre mala idea. Se mandó enterrar en estiércol caliente para que el calor absorbiese las humedades; una versión dice que este particular remedio fue el que aceleró su enfermedad y lo mató; otra versión dice que el estiércol se secó y se endureció hasta tal punto que el filósofo se quedó atrapado y no se pudo levantar, lo que fue aprovechado por unos perros que lo devoraron.

Esquilo de Eleusis fue a visitar el oráculo de Delfos, y allí le dijeron que moriría aplastado por una casa. Esquilo, sabiendo que el que evita la ocasión evita el peligro, decidió irse a donde no había casas, es decir, al campo. Sin embargo, no contaba con los quebrantahuesos, que son unos pájaros de la familia de los buitres que pueden llegar a medir hasta tres metros de envergadura. Estos animales acostumbran a coger a sus presas, elevarlas en el aire y soltarlas para que, al caer y chocar contra el suelo, preferiblemente rocoso, se despedacen y se rompan los huesos para así poder comer la carne más fácilmente y acceder al tuétano. Pues bien, en uno de sus paseos por el campo, Esquilo, siempre pensativo y con su calva cabeza agachada, fue interceptado por una tortuga que un quebrantahuesos arrojó desde el aire, confundiendo la cabeza de este buen hombre con

una roca. Esquilo murió, y suponemos que la tortuga también; lo que no sabemos es si el quebrantahuesos bajó a comer y, si lo hizo, qué prefirió, si tortuga o señor.

Sí, es cierto, Esquilo no era filósofo; os la he intentado colar. Era dramaturgo, pero también pensaba mucho y tenía barba, y además murió de un tortugazo en la cabeza, ¿cómo no iba a contar eso?

TODOS LOS CAMINOS LLEVAN A ROMA

Decía mi bisabuelo que preguntando se va a Roma, y no precisamente porque hace ochenta años todo el mundo supiese por dónde quedaba la Ciudad Eterna, sino porque hubo un tiempo en el que todos los caminos llevaban a Roma, ciudad que ha sido y es guía espiritual para muchos. Y eso es porque hubo un tiempo en que Roma no solo fue la guía espiritual del mundo conocido, sino también su cabeza política, y durante esa época no es que todos los caminos llevasen a Roma, es que todos los caminos salían de ella; y no nos referimos a caminos polvorientos de tierra como por los que desfiló el Quijote, sino a caminos como Dios manda, y nunca mejor dicho: estos caminos eran las calzadas. «¿En serio nos vas a hablar de la red viaria de Roma en un libro de humor?», diréis... Pues sí que lo voy a hacer, pero tranquilidad, que será corto.

Todos los caminos llevan a Roma.

Las calzadas romanas se usaron para vertebrar el Imperio; por ello tiene lógica que de un modo u otro estas siempre acabaran en Roma. Por ellas viajó desde el comerciante que vendía caballos hispanos, hasta las legiones de Publio Quintilio Varo de camino a Teutoburgo, aunque claro, estos últimos solo hicieron el camino de ida porque nunca más se volvió a saber de ellos. La red era muy extensa, y teniendo en cuenta la época en la que fue realizada era bastante eficiente, ya que, gracias a este sistema de calzadas, se pudieron mover cantidades ingentes de mercancías a una velocidad aceptable, así como trasladar las tropas allí donde se las necesitase. Además, fueron un foco de difusión de la cultura romana y, por lo tanto, de la romanización. Muchas de ellas han sobrevivido a nuestros días, y se siguieron utilizando hasta después de la desaparición del Imperio romano. Eran vías muy resistentes, en comparación más que las que tenemos hoy en día, porque ¿tú sabes esa carretera que va de tu pueblo a la ciudad, que hicieron hace apenas cinco años, y ya tiene unos baches que parecen bañeras? Pues bien, si la hubiese construido un esclavo bajo la atenta mirada de su capataz y su ingeniero romano, esos baches también estarían ahí, pero habría menos y además sería patrimonio nacional.

Las calzadas romanas estaban tan bien trazadas que en España, en torno al siglo XVIII, cuando comenzó el desarrollo del esquema actual de carreteras, los ingenieros de esta época pensaron: «¿Para qué voy a hacer un nuevo trazado si este está bien? Hacemos el camino encima y a correr».[2] Esto ahorró tiempo y destruyó también muchas calzadas; otras fueron tapadas por las tierras de cultivo, pero lo más chocante es que debajo de muchas de nuestras carreteras actuales hay restos de calzadas hechas concienzudamente por los antiguos romanos; en concreto, la calzada que unía Zaragoza y Mérida queda sepultada hoy en día por algunos tramos de la A-2 y la A-5.

La construcción de las calzadas era compleja: primero se necesitaba mano de obra, esta era la parte fácil, ya que debido a la política de conquistas desarrollada por Roma había esclavos a cas-

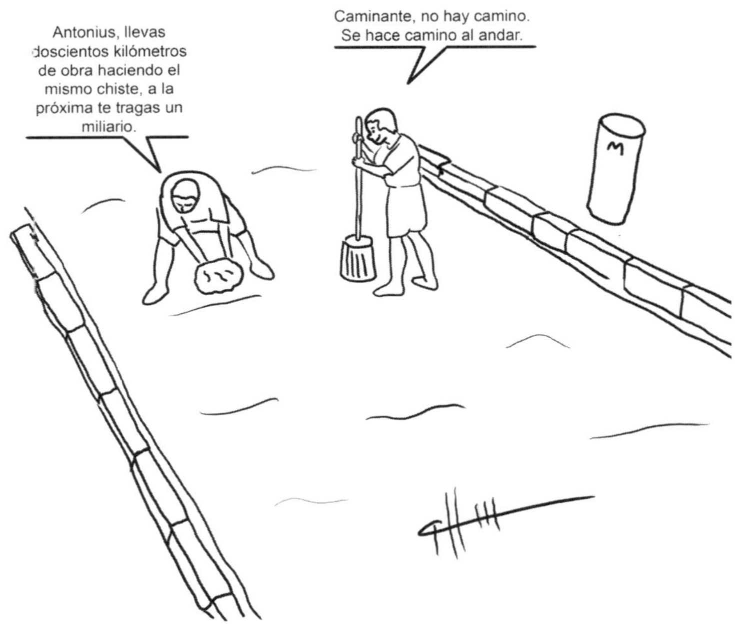

2. Nótese el doble sentido.

coporro. Después se procedía a trazar el recorrido y a deforestarlo; al no haber ecologistas encadenándose a los árboles este trabajo era más llevadero, si se obvia la parte en la que se tiene que cortar tropecientos árboles sin motosierra. Más tarde se ejecutaba la explanación y se delimitaba la anchura de la calzada mediante dos bordillos paralelos; luego se iniciaba la construcción de la calzada propiamente dicha.

Entre ambos bordillos se creaba una capa de cimentación sólida y resistente, excavando en el suelo un foso de la anchura de la calzada; después, sobre esta capa ponían un relleno de arena o gravas dividido en varias capas de diferentes tamaños. Este relleno era apisonado para que se compactara y quedase uniforme. Finalmente, sobre esta capa se colocaban cantos rodados mezclados con arena para formar la capa de rodadura.

Al contrario de lo que se piensa y de lo que aparece en las películas, la última capa de la calzada, es decir, sobre la que circulaban los caballos, los carros y los que se habían perdido, no estaba compuesta por grandes lanchas y losas de piedra. Esto ocurría tan solo en la pavimentación de las grandes ciudades como Roma o Pompeya, ya que este tipo de pavimento, que es cierto que era más bello, resultaba también menos práctico para el tránsito de carros y animales.

Como hoy en día, junto a las calzadas había señales que tenían como objetivo indicar al viajero la distancia hasta la siguiente parada; estas señales o hitos eran llamados «miliarios». Los romanos también construyeron túneles y puentes para salvar los accidentes geográficos, además de descansos y albergues en los que seguramente se oía la recomendación de «Si ves aparcadas en la puerta cuadrigas del ejército romano, para, que seguro que se come bien». Lo que desconocemos es si existían los peajes, y si existían no sabemos ni cuántos sestercios costaban ni qué cantidad de peajes se encontraban en las entradas a Barcino; lo que sí sabemos es que la red viaria principal constaba de más de 120.000 kilómetros y que estos estaban salpicados regularmente de monumentos civiles, militares y sagrados para que los viajeros se parasen a rezar a Mercurio, dios del comercio, de los viajeros y de los ladrones.[3]

3. Ojo ahí al conflicto de intereses, o bueno, quizá no...

GLADIADORES

Si hay algo que nos viene a la mente cuando hablamos de Roma son los gladiadores. Quizá sea por las películas *Espartaco* y *Gladiator*. El mundo de los gladiadores es un mundo extraño y sorprendente si lo miramos desde la óptica actual, influenciada, sin duda, por la visión y la moral cristiana; sin embargo, si lo miramos desde la óptica romana de la época, la cosa cambia, y más si desterramos una serie de mitos que han llegado hasta nuestros días y que lo único que consiguen es hacer nuestra visión al respecto más confusa.

Para empezar, hay que entender que la sociedad romana era guerrera por naturaleza: la conquista era la forma que tenía el imperio de crecer y enriquecerse, y esta conquista llevaba aparejada tanto la muerte como la esclavitud; por lo tanto, la sociedad romana convivía con naturalidad con la esclavitud, la violencia y la muerte.

Las luchas de gladiadores surgieron no como divertimento, sino como una ceremonia religiosa de culto a los muertos cuyo origen hay que buscarlo en los antiguos etruscos. Las primeras evidencias de estas luchas podemos encontrarlas en el siglo IV a. e. c., y los luchadores podían ser voluntarios o prisioneros. En estos combates, los guerreros, denominados *busturaii*, realizaban una especie de coreografía simulando una pelea en la cual el sonido de las armas servía para honrar al difunto; algunas de estas luchas eran a muerte, pero la mayoría se quedaban en eso, en una coreografía, es decir, eran como la lucha libre americana, que parece de verdad pero es de mentirijilla. La primera evidencia de estos combates en Roma data de mediados del siglo III a. e. c. A partir de este momento, las luchas de gladiadores se fueron popularizando hasta pasar de ser un espectáculo elitista a uno de masas.

Uno de los mitos más generalizados acerca de los gladiadores es el de su supuesta esclavitud, lo cual no era así, al menos no siempre, pues claro que de todo había. Por un lado, había una serie de condenados por crímenes y prisioneros de guerra que sí eran obligados a convertirse en gladiadores. Otros, los más famosos, los Roger Federer del mundo de los gladiadores, eran hombres libres que se hacían gladiadores voluntariamente y eran entrenados a conciencia por su lanista o entrenador. Los voluntarios gozaban de riqueza, una muy buena alimentación y fama, y tan solo combatían unas tres veces al año. En cuanto a la duda eterna de si morían o no en los combates, esto dependía de las épocas: hubo un tiempo en el que sí morían, hasta que llegó Augusto y prohibió los combates a muerte, lo que hizo que los juegos gladiatorios degenerasen y perdiesen expectación, y esto provocó que disminuyese el número de gladiadores voluntarios. El fin de los juegos de gladiadores se produjo definitivamente con el ascenso del cristianismo, y fueron prohibidos por Constantino en el año 325 de nuestra era.

En la época previa a la prohibición de las luchas a muerte, hay que decir que la mayoría de las veces estos combates no se saldaban con uno de los contrincantes muerto, es más, la mayoría de las veces ambos gladiadores salían de la arena por su propio pie. Las únicas ocasiones en las que uno de los gladiadores fallecía era o por accidente o porque había peleado de manera cobarde; además, hay que entender que los sueldos de estos luchadores voluntarios y su mantenimiento por parte del lanista hacían que supusiera una pérdida de dinero muy importante para el lanista si uno de ellos moría en combate. Las luchas contaban no solo con los dos contrincantes; también existía una tercera persona, el *suma rudis*, que era un legionario retirado que hacía las veces de árbitro y se ocupaba de que los gladiadores luchasen limpiamente y siguiesen las reglas establecidas, porque también había reglas, y mandaba parar el combate si se incumplía una de estas reglas.

Hay que mencionar que también existieron mujeres gladiadoras y que gozaron de la misma fama y riqueza que sus congéneres masculinos.

Jean-Léon Gérôme tiene parte de culpa de que se haya difundido otro de los bulos más conocidos del mundo de los gladiadores: el del pulgar para arriba y el pulgar para abajo, y no es que Jean-León fuese por ahí contando mentiras; es que este señor, pintor de profesión, creó este mito en una de sus obras más conocidas, el cuadro *Pollice Verso*, ya que en esta aparece un gladiador vencido en el suelo mientras su vencedor mira al público pidiendo un veredicto sobre la muerte de su contrincante, y en el público todos señalan con el pulgar hacia abajo pidiendo la muerte del derrotado. Pues bien, nada más lejos de la realidad, porque el pulgar hacia abajo lo único que significaba era «envainar la espada», es decir, vida. En cambio, para la señal de muerte hay dos versiones: el pulgar hacia un lado simbolizando degollamiento o el pulgar hacia arriba simbolizando la espada desenvainada.

En definitiva, que ni luchas a muerte, ni solo hombres, ni pulgar hacia abajo, ni solo esclavos; tan solo ocio de masas convertido en un negocio muy rentable que con el paso de los años y gracias a la historiografía cristiana fue víctima de una leyenda negra, al igual que ocurrió con el mandato de numerosos emperadores romanos. El problema es que las víctimas de estos combates y de estos emperadores fueron, en muchas ocasiones, los cristianos, y claro, cuando estos tuvieron la sartén por el mango y pudieron escribir la historia desde su punto de vista, no dudaron en poner a sus perseguidores de vuelta y media, haciendo pasar a la historia a la sociedad romana como un conjunto de depravados sedientos de sangre; sí que es cierto que pacíficos no eran, pero quizá no estaban tan locos como nos los han pintado.

ROMA Y EL CINE

Gracias al género péplum, la antigua Roma ha sido una de las épocas más tratadas en el cine, y esto, como ya sabemos, no tiene por qué ser bueno. Hay centenares de películas de este género, porque la relación entre el cine y Roma viene de lejos, puesto que ya en 1899 Georges Méliès filmó la primera versión de *Cleopatra*. Parece ser que el cine ambientado en el mundo antiguo seduce al espectador, por lo general indiferente a que sea riguroso o no, porque no nos engañemos, los únicos infelices que estamos pendientes de que todo sea correcto y de que no aparezca un gladiador comiendo patatas cocidas o un legionario montando un caballo con estribos somos los historiadores.

Quizá una de las razones por las que nos seduce esta época son sus protagonistas, mujeres como Cleopatra o

Viendo *Gladiator* con una historiadora:

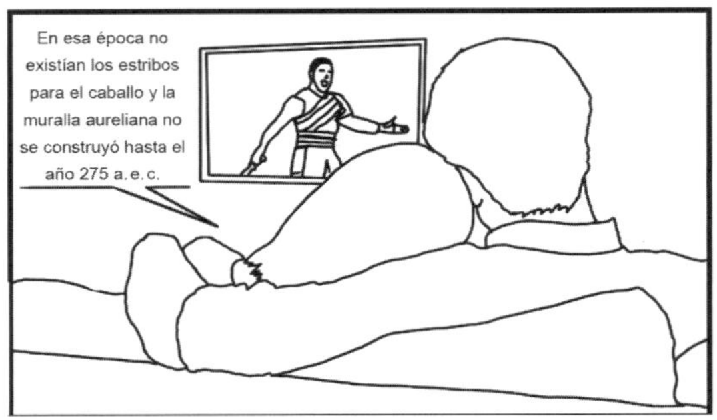

Salomé, u hombres como Alejandro Magno o Julio César, además de las grandes escenas, como la carrera de *Ben-Hur* o las batallas de *Espartaco*. Otra de las razones por las que este género triunfó es porque desde siempre tuvo un poderoso aliado, la religión; así se crearon las superproducciones bíblicas, y por este canal se colaron en nuestra casa la vida de Moisés, Noé, Jesús y su tía la del pueblo, que la verdad es que es de agradecer, porque es mejor verse *Los diez mandamientos* que tener que andar buscando la Biblia, localizar el pasaje, leerlo y luego hacer por entenderlo.

En fin, que sea como sea, gracias a la religión, para bien o para mal, han proliferado las películas ambientadas en la Antigüedad, sobre todo las de romanos, y nos podemos deleitar viéndolas todas cuando llega la Semana Santa: *Quo Vadis* (1951), *Ben-Hur* (1959), *Los diez mandamientos* (1956) y un largo etcétera de películas muy serias que tratan temas tan formales que sería difícil abordarlos de otra forma, aunque *La vida de Brian* (1979) lo intentó desde la comedia y salió bastante bien, pero claro, pónsela tú a tu abuela en Semana Santa y te quedarás sin propina hasta que vuelva el Imperio romano.

Después de todos los años del cine de péplum hubo como un parón para que a la gente se le pasase el empacho, pero más tarde se volvió a lo grande con *Gladiator* (2000). Lo primero que hay que decir de esta película es que al menos en el ámbito castellanoparlante la gente dice «gladieitor» como si el título estuviese en inglés, pero está en latín, así que se pronuncia *gladiator*, con todas las letras, sin poner ni quitar ninguna. Bueno, pues por lo general esta película está bien y marcó a su protagonista, Russell Crowe, que haga lo que haga seguirá siendo Máximo Décimo Meridio, un nombre que, por cierto, ya que estamos aquí en modo tiquismiquis, no podría haber pertenecido a alguien romano, ya que para estos existían tres nombres

Por qué ver *Spartacus* con un historiador:

(*praenomen*, *nomen* y *cognomen*) y el primero nunca podría haber sido Máximo. Del mismo modo, Cómodo nunca mató a su padre, ya que Marco Aurelio murió porque pilló la peste. Además, la armadura de los legionarios que aparecen al principio de la película resulta bastante más antigua que la que le correspondería a la época representada, y el casco es más de fantasía que otra cosa. Asimismo, en esta película se habla de Julio César como emperador, cosa que nunca fue, y se refieren al Coliseo, cuando en esta poca era conocido como anfiteatro Flavio, ya que la denominación Coliseo es posterior.

Además de aparecer en el cine, Roma también se ha representado en las series, y aquí destacamos dos: *Spartacus*, que es una mierda como un piano que solo va de sangre y sexo, que si es lo que te gusta, pues guay, pero históricamente es una patata; y la otra es *Roma* (2005), que es bastante buena, y aunque tiene toques de fantasía para hacer más llevadera la trama, podemos decir que la manera de mostrar las calles de Roma resulta bastante fidedigna.

LO QUE NO SABÍAS DE LA EDAD ANTIGUA

(O quizá sí.)

- Las primeras dataciones precisas sobre eclipses, tanto de sol como de luna, se registraron en Mesopotamia en torno al año 750 a. e. c. Estos datos se han conocido gracias a que fueron grabados en setenta tablillas de arcilla. Además, se usaron esos datos para predecir mediante el cálculo matemático los siguientes eclipses.
- El Código de Hammurabi está escrito en acadio y es uno de los ejemplos de legislación más antiguos que se han encontrado hasta la fecha. Una de sus leyes ha llegado hasta nuestros días en forma de dicho popular, nos referimos a la Ley del Talión, es decir, «Ojo por ojo, diente por diente».
- La primera evidencia histórica de la existencia de la cerveza corresponde al IV milenio a. e. c, y fue encontrada en Godin Tepe, un yacimiento perteneciente al Imperio elamita, que ocupaba lo que hoy en día es Irán.
- En el siglo XV a. e. c los egipcios usaban prótesis para sustituir los miembros amputados: en diversas excavaciones se han encontrado prótesis de dedos y brazos de madera que se fijaban al cuerpo mediante tiras de cuero.

- En el antiguo Egipto las mujeres, en principio, tenían casi los mismos derechos que los hombres, puesto que la ley les permitía divorciarse y trabajar, y en el caso de que trabajasen, las mujeres percibían por un mismo trabajo igual salario que sus compañeros varones.
- En el istmo de Corinto, lengua de tierra que une el Peloponeso con la Hélade, en el 600 a. e. c. los griegos construyeron el *diolkos*, que es una calzada especial por la cual los griegos movían los barcos para que cruzasen del mar Jónico al mar Egeo. Esta construcción estuvo en uso hasta el siglo I d. e. c.[4] y consistía en dos surcos tallados en la roca sobre los cuales se desplazaba una especie de vagón, y sobre este cargaban los barcos.
- El término salario, es decir, el sueldo, proviene del latín *salarium*, que significa «pago de sal» o «por sal». El término tiene su origen en la antigua Roma, donde, en ocasiones, a los soldados se les pagaba, en vez de con denarios o sestercios, con sal, ya que este mineral era muy valioso en la época puesto que constituía uno de los pocos métodos que existían para conservar los alimentos sin que se estropearan.
- La Boca de la Verdad, en la que se supone que, si metes la mano y mientes, pierdes la mano, de forma automática, lejos de tener un origen tan místico, era en el mejor de los casos una fuente y, en el peor, la tapa de una alcantarilla, concretamente de la Cloaca Máxima.

4. «Después de la era común», designación alternativa al empleo de la expresión «después de Cristo».

EDAD MEDIA

El Medievo, o Edad Media, es el periodo histórico que abarca desde la caída del Imperio romano de Occidente hasta el descubrimiento de América o la caída del Imperio romano de Oriente, depende de a quién le preguntes.

En estos siglos, el modo de producción pasó de estar basado en el esclavismo a centrarse en la servidumbre feudal; además, asistimos al auge de las dos grandes religiones monoteístas, el cristianismo y el islam, y como tal, fue una época de luchas entre cristianos y musulmanes, entre cristianos y cristianos, y entre musulmanes y musulmanes... Vamos, un lío. También fue una etapa llena de plagas y enfermedades y con un gran peso de los valores paterno-filiales.

A QUE TE MATO

Seguro que cuando les habéis dicho a vuestros abuelos y abuelas: «Mañana tengo examen de historia», ellos os han hablado de cuando estudiaban historia en la escuela, donde les hacían aprenderse datos tan útiles como la lista de los reyes godos, cosas de la educación franquista. Algunos incluso se acordarán de la lista de estos treinta y tres monarcas: Ataúlfo, Sigerico, Walia, Teodoredo y un largo etcétera de nombres que menos mal que se han perdido, y Dios nos libre de que vuelvan, porque si no en el futuro nos encontraremos con niños que se llamen Teudiselo o Turismundo.

Pues bien, tras la caída de Roma, que más que caerse se despeñó por un barranco, el Imperio romano de Occidente desapareció como el dinero público en las manos de un político, y en su lugar aparecieron numerosos reinos germánicos que se caracterizaron por ser muy efímeros. Las tierras dominadas por estos nuevos pueblos sufrieron un proceso de despoblamiento solo comparable con el que sufre Soria en la actualidad. Uno de estos reinos fue el visigodo, que ocupó la totalidad de la Península después de expulsar a los suevos de la actual Galicia y a los bizantinos del litoral sureño.

A caballo entre la época clásica y la Edad Media, los visigodos, después de viajar por medio mundo conocido, saquearon Roma en el año 410, algo que en los años venideros se pondría muy de moda, y acabaron asentándose en el sur de la actual Francia y en la Tarraconense, puesto que el resto de la península Ibérica ya había caído en manos de los suevos, los vándalos y los alanos, y esta era la única región que quedaba con vida del Imperio romano, el cual encargó a los visigodos que reconquistaran todo el territorio peninsular. Una vez dominada toda la Península, a excepción de la Gallaecia, los visigodos se instalaron en el corredor sudgálico, por donde pasaba todo el comercio entre Hispania, Galia e Italia, porque a pesar de que nos los han mostrado como unos bárbaros, esta gente no era tonta. Establecieron su capital en la actual Toulouse, desde donde comenzaron a influir en otras zonas que se hallaban bajo el poder romano, del cual se desentendieron una vez realizada su labor. Pese a que pasaban un poco de lo que dijese Roma, los visigodos siguieron actuando como federados del Imperio, es decir, combatían por Roma porque esta ya no podía defenderse sola, y de esta asociación nació la última gran victoria romana, la de los Campos Cataláunicos, donde las tropas visigodas pusieron freno a Atila, quien acechaba a la Galia, una provincia administrada ya casi en su totalidad por los visigodos. Desde la Galia se ex-

pandieron hacia el sur, como buenos germanos, buscando el sol y la sangría. Sin embargo, tras el empuje de los francos, los visigodos se replegaron hacia Hispania, conservando tan solo unas anecdóticas tierras en la Galia. Los godos, ya con las miras puestas en la conquista de Hispania, establecieron su capital en Toledo. Y controlaron la totalidad de la Península.

Esta historia de alianzas con Roma, guerras, derrotas y victorias queda empañada por el carácter de los gobernantes godos, que hicieron de la conjura su forma de vivir la vida y del asesinato su *hobby* preferido. Leovigildo amplió el reino godo enfrentándose a cántabros y vascones, que, como veremos, a lo largo de la historia le han cogido el gusto a eso de resistirse al poder central. La consolidación del reino visigodo se dio con la unificación religiosa auspiciada por Recaredo, pero los sucesores de este no supieron mantener el tipo y se dedicaron a las luchas fratricidas, lo cual les vino de perlas a los invasores musulmanes.

A estas luchas internas se las conoce como «morbo gótico», idea que acuñó san Gregorio de Tours en su obra *Historia Francorum*, y es que, en el momento de escribirla, el mundo había conocido a quince reyes godos, de los cuales nueve habían sido asesinados, dos murieron luchando y tan solo cuatro en la cama.

El resumen de estas muertes es el siguiente: Ataúlfo, primer rey godo, fue asesinado en las caballerizas de Barcino, víctima de un complot ideado por el que sería su sucesor, Sigerico, el cual, no contento con matar a Ataúlfo, acabó también con los seis hijos de este. Antes de morir, Ataúlfo había designado como sucesor a su hermano Walia, aunque de poco le sirvió porque Sigerico se hizo con el poder antes, aunque por poco tiempo, concretamente una semana, que terminó con la muerte de Sigerico a manos de los partidarios de Walia, muy descontentos con el asesinato de su antiguo rey y con la violación de su mujer, Gala Placidia.

Walia, por su parte, falleció en la cama y fue sucedido por Teodorico I, quien perdió la vida luchando contra los hunos. A este le sustituyó su hijo Turismundo, que también murió en la cama, pero estrangulado, en una conjura que perseguía poner en el trono a Teodorico II, su hermano, el cual fue asesinado por otro hermano, Eurico, y no precisamente en venganza por la muerte de Turismundo.

Alarico II sustituyó a Eurico, que murió de muerte natural, hasta que se diga lo contrario, mientras que Alarico II pereció en la batalla de Vouillé en el año 507. Como se ve, hasta ahora solo dos reyes fallecieron en la cama, todos los demás de manera violenta.

A Alarico II le sustituyó su hijo Gesaélico, quien fue tachado de cobarde tras las pérdidas de Toulouse y Narbona, por lo que huyó a África, de donde decidió volver años después, pero fue capturado y asesinado. Le sucedió Amalarico, que se casó con una princesa merovingia a la que maltrataba constantemente, lo que causó una guerra contra el pueblo de esta y que Amalarico fuese asesinado y sustituido por Teudis, al que mató un soldado aparentemente loco.

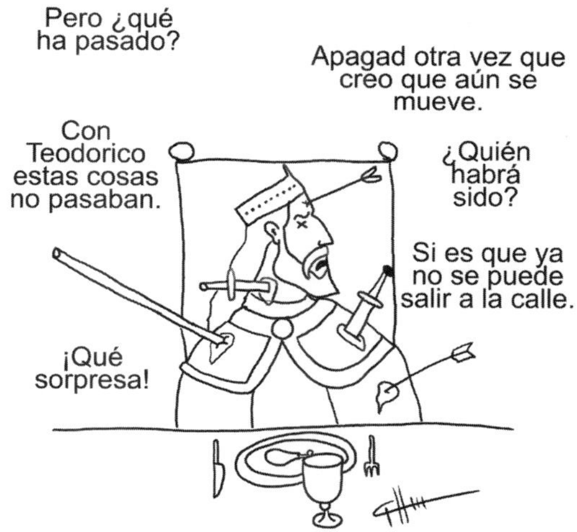

A Teudis le sustituyó su hijo Teudiselo, cuyo origen ostrogodo fue la causa de su muerte en un complot ideado por los nobles, que querían un rey visigodo como Agila I. Estos nobles cerraron las puertas del salón donde se encontraban junto con el monarca y, tras apagar las velas, lo apuñalaron en la oscuridad como si estuviesen jugando a la versión macabra del juego de las tinieblas. Tras apuñalarlo una decena de veces, volvieron a encender las velas y fingieron sorpresa, como si no hubiesen tenido nada que ver en el asunto. «¿Ca pachado?», «¿Ca chucedido?», «Qué chorprecha», decían.

A Teudiselo le sucedió la persona que estaba detrás de la conjura que lo había matado, Agila I, quien fue asesinado a instancias del poder bizantino y fue sustituido por Atanagildo, y este por Liuva I, y este por Leovigildo y este por Recaredo: los cuatro fallecieron de muerte natural, durante la racha más larga de muertes no violentas.

A Recaredo lo sustituyó su hijo Liuva II, que murió ejecutado, previa amputación de la mano derecha, por su sucesor Witerico, el cual fue asesinado por un grupo de nobles próximos al catolicismo, que para colmo arrastraron su cadáver por las calles de Toledo. Uno de sus asesinos, un tal Gundemaro, fue el siguiente rey y pereció en Toledo de muerte natural.

Sisebuto, su sucesor, murió en extrañas circunstancias y fue remplazado por Recaredo II, al que asesinaron y fue a su vez sustituido por Suintila; este no murió pero fue depuesto, excomulgado y sustituido por Chintila, que murió en paz y dejó el trono a su hijo Tulga, quien también pereció en la cama de un monasterio tras ser depuesto y obligado a tomar los hábitos por su sucesor, el rebelde Chindasvinto, en cuyo reinado se produjeron los primeros ataques musulmanes a la Península. Chindasvinto murió de viejo, a los noventa años, por causas naturales. Lo sustituyó Recesvinto, que murió en paz y fue sucedido por Wamba, quien fue víctima de una conjura en la que fue engañado, narcotizado, tonsurado, enclaustrado, depuesto y sustituido por Ervigio, que falleció aparentemente de muerte natural y fue remplazado por su yerno Egica, el cual no se sabe cómo murió, pero sí se sabe que fue sustituido por su hijo Witiza, quien se presupone que acabó sus días de una manera no pacífica.

El último rey visigodo, Rodrigo, murió en una batalla contra los musulmanes, concluyendo así con una tradición sanguinolenta a más no poder en la que, de treinta y tres reyes visigodos, trece murieron asesinados, tres en una batalla, dos depuestos, un par de ellos en extrañas circunstancias y los que quedan, de muerte natural.

LA RECONQUISTA QUE NO FUE

La Reconquista fue un mito, así de sopetón. ¿Cómo te quedas? Es cierto que todos hemos estudiado la Reconquista en el colegio, en el instituto y, en algunos casos, en la universidad. En todos estos ámbitos nos han enseñado que la mal llamada Reconquista fue aquel proceso histórico en el cual los reinos cristianos de la península Ibérica pretendieron arrebatar el control peninsular al poder musulmán. Este periodo histórico tendría lugar entre los años 722, cuando se supone que Pelayo inició su rebelión, y 1492, con la desaparición del reino nazarí de Granada. Es decir, cuando los reinos cristianos a una expulsaron a los musulmanes.

Es cierto que en los ámbitos académicos no es esta versión tan vetusta la que se tiene de este periodo, pero sí que es la visión que existe fuera del mundo académico. Asistimos, por lo tanto, a dos versiones de un mismo periodo histórico: por un lado, la versión académica, que cada vez habla menos de «reconquista», consciente de que este es un término inexacto y que se adecua poco a la realidad histórica; por otro lado, la visión general y más extendida, porque, no nos engañemos, la academia es mucha academia, pero son pocos y cada vez existe una brecha más grande entre esta y la sociedad, que son muchos. Esta versión es la más genérica y simplista, pero también la más difundida: es la que conoce tu cuñado y la que afirma que los cristianos echaron a los moros en una guerra interminable entre dos religiones que empezó con Pelayo y acabó con los Reyes Católicos, que para más inri, además, el día que concluyeron la Reconquista fundaron España, así en plan oferta: «Hoy, 25 de noviembre de 1491, compra las Capitulaciones de Granada y llévate de regalo… ¡ESPAÑA!».

En fin, esta versión de los hechos no ha surgido de la nada o de las conversaciones pseudohistóricas de la barra de un bar, no. Esta versión tiene su origen en visiones académicas y también en intenciones políticas.

Para empezar, el término «reconquista» no se usó durante la supuesta Reconquista. Es decir, si tú le preguntaras a Alfonso VIII de Castilla, a Pedro II de Aragón y a Sancho VII de Navarra: «Oiga, ¿ustedes qué hacen?», jamás te dirían: «Aquí, reconquistando un poco». Y no lo dirían, entre otras cosas, porque «reconquista» es un término moderno que en la Edad Media no usaba ni Perry. El término fue empleado por cronistas españoles por primera vez en torno a 1800. La palabra debió de parecer bonita porque se empezó a usar muchísimo, y no precisamente con fines históricos, sino con fines políticos.

En el siglo XIX se comenzó a usar el término equiparando la Reconquista con una supuesta lucha por la recuperación de una unidad nacional, es decir, se comenzó a interpretar la Reconquista como un deseo de los diferentes reyes cristianos de recuperar la integridad territorial de la que había gozado la Península durante el periodo visigodo, la cual se había perdido a causa de los pérfidos invasores sarracenos, y te lo contaban así y se quedaban tan panchos. En consecuencia, esta visión argumentaba que los reyes de Aragón, Navarra, León, Castilla y Portugal defendían la unidad de España frente a una al-Ándalus estructurada en muchas ocasiones y durante muchos periodos como una verdadera unidad administrativa. Es cierto que existieron las taifas, lo cual supuso que esta unidad territorial se resquebrajase por momentos para luego volver a unirse y después volver a dividirse y así sucesivamente, produciendo un debilitamiento de las zonas controladas por el poder musulmán; pero, en otras ocasiones, al-Ándalus representó la unidad más que los reinos cristianos. Vamos, que esta teoría nos quiere vender que, por ejemplo, en 1212, los reinos de Castilla, Aragón y Navarra defendían la unidad enfrentándose al poder almohade. En plan: «Somos tres reinos diferentes, más León y Portugal, que no han querido venir, y tú solo uno, pero los que defendemos la unidad somos nosotros». Absurdo, ¿verdad? Pues sí, y además es mentira, porque si estos reyes hubiesen defendido de verdad la unidad de una hipotética «España cristiana» habrían hecho lo posible por unificar sus reinos y sus políticas administrativas, en vez de estar quinientos años a la gresca, como estuvieron.

Porque esa es otra: nos venden a los reinos cristianos como unas almas caritativas que se ayudaban entre sí para combatir a los musulmanes, y eso es tan verdad como que los peces vuelan, tan solo hay que repasar la guerra de los Dos Pedros entre Castilla y Aragón, o la batalla de Aljubarrota, entre Portugal y Castilla, y las diversas contiendas entre Castilla y León (diez en total), por no hablar de las continuas intrusiones en las diferentes guerras civiles de los distintos reinos por parte de sus vecinos, para desestabilizarlos o para poner un rey más próximo o más títere.

La visión de la Reconquista como una lucha por la «unificación de España» surgió en el siglo XIX, y no por casualidad, ya que fue en ese momento cuando comenzaron a aparecer otros conceptos que se beneficiaron muchísimo del concepto de reconquista; estos nuevos conceptos fueron los de patria y nación, que constituyeron la espina dorsal del nuevo modelo de Estado surgido en este siglo XIX. Sin embargo, esta visión no solo fue adoptada por políticos con el fin de proporcionar un andamiaje ideológico a este modelo de Estado; el problema vino cuando los propios académicos la hicieron suya, como en el caso de Sánchez Albornoz, mítico medievalista que no dudó en afirmar que don Pelayo, lejos de luchar en Covadonga para restituir el poder visigodo o

por su propio interés, empezó a luchar para fundar España. Es decir, don Pelayo, por Asturias, monte abajo, a caballo con la rojigualda, cargando contra los árabes mientras tarareaba la marcha real.

Esta visión romántica era muy simplista y se interesaba por un periodo histórico complejo en el que no habían tenido cabida los nacionalismos porque no existían, pero enseguida se extendió y fue utilizada con posterioridad al siglo XIX, como en el caso de Franco, que rescató este término y el de «cruzada», con claros fines políticos.

En definitiva, podemos decir que el término «reconquista» va aparejado a una concepción nacionalista de la historia, y que además comenzó a usarse a posteriori, lo cual lo hace poco útil para los historiadores, ya que lleva una carga ideológica que nada tiene que ver con la historia, y por lo tanto habría que desterrarlo de nuestro vocabulario. Así que recordad: la Reconquista no sucedió; los reinos cristianos ni representaban ni luchaban por la unidad de nada, combatían contra cualquier poder que pudiese someter al suyo, fuese este musulmán o cristiano, del mismo modo que lo hacían las taifas. El único poder o los únicos poderes unificadores de la Península en esos momentos fueron el emirato de Córdoba, el califato de Córdoba, el Imperio almorávide y el Imperio almohade, todos ellos musulmanes. Es cierto que, entre el califato y el Imperio almorávide, la zona musulmana se dividió en taifas, al igual que ocurrió tras el desmoronamiento del Imperio almohade, lo cual supuso que este poder unificado se rompiese en pequeños reinos independientes que cooperaban y luchaban entre ellos en determinadas ocasiones, al igual que lo hacían los reinos cristianos; porque, a ver, que esta gente lo que quería era mandar, y a cuantas más personas, mejor, y les daba igual tener que invadir a su vecino cristiano que a su vecino musulmán.

EL ÁRBOL DE NAVIDAD

Estamos más que acostumbrados a incorporar a nuestras costumbres y forma de vida hábitos y prácticas de otras regiones del globo, que normalmente vienen de la cultura hegemónica a nivel mundial. No obstante, también adoptamos tradiciones de otras partes, por aquello de que vivimos en un mundo globalizado y con migraciones; aunque hay que reconocer que si de algún lugar del mundo proceden en gran parte es de Estados Unidos, ya sea para bien o para mal.

Lo más chocante de estos hábitos y costumbres que nos llegan desde Estados Unidos es que realmente no nos aportan nada nuevo, y lo que nos llega son en realidad prácticas de ida y vuelta, es decir, que no viene nada que sea estadounidense propiamente dicho, puesto que todo lo que exporta antes lo ha importado de otro lugar gracias a las grandes migraciones. Lo más gracioso es que Estados Unidos tiene la capacidad de exportar cosas que no son suyas, pero bajo la apariencia de que sí lo son, y en esto tiene un gran aliado: el cine. A nivel gastronómico, es natural que comamos nachos y burritos, y no precisamente porque veamos cine mexicano o estemos superpendientes de la vida en este país, sino porque lo vemos en las series y en el cine estadounidenses.

En cualquier caso, no os vengo a hablar de nachos y guacamole, sino de una tradición que Estados Unidos ha exportado al mundo y que no es suya ni por asomo. «La obesidad», pensaréis algunos; «Las invasiones a gran escala», dirán otros; «La construcción de muros en las fronteras», comentaréis los demás, pero no, eso ya lo exportó el Imperio romano en su día. Yo vengo a hablar del árbol de Navidad.

Este adorno navideño se ha ido metiendo en nuestras casas poco a poco, sustituyendo al belén en unos casos y conviviendo con él en otros, pero resulta que este ornamento que estamos acostumbrados a ver en las películas de Hollywood tiene un origen muy antiguo, que se remonta a la llegada de los primeros cristianos a las regiones del norte de Europa, donde sus habitantes representaban a sus dioses con árboles que decoraban. Uno de los dioses a los que veneraban era Frey, dios de la fertilidad y el sol, al cual rendían culto adornando uno de estos árboles en una fecha muy cercana a la de la Navidad cristiana, y que simbolizaba el Yggdrasil, que en la mitología nórdica era un fresno gigante en cuyas raíces y ramas se encontraban los diferentes mundos en los que dividían su cosmogonía; en la copa se hallaba Asgard, donde vivían los dioses, y el Valhalla, donde vivía Odín; más abajo se encontraban Midgard, Helheim, Niflheim, Muspellheim, Svartalfheim, Alfheim, Vanaheim y Jötunheim.

Cuando los primeros cristianos llegaron a esas regiones se quedaron flipando al ver que esta gente celebraba la Navidad colgando plata y oro de un árbol; luego ya se enteraron de que no era la Navidad lo que celebraban. Entre los años 680 y 754 arribó a aquellos lares san Bonifacio con la intención de evangelizar a esas gentes. También intentó que dejasen de colgar cosas de un árbol y se pusiesen a montar el belén, a cantar villancicos e ir a la misa del gallo, pero la gente no estaba muy por la labor, así que decidió adaptar esta costumbre al rito cristiano. Para ello agarró un hacha y cortó el roble que representaba a Odín, y en su lugar plantó un pino, que al ser perenne simbolizaba, según él, la eternidad de Dios. Cuando creció el pino, lo adornó con manzanas, que simbolizaban el pecado original, y con velas, como la luz de Cristo.

Parece ser que a esas gentes del norte la ocurrencia de san Bonifacio les hizo gracia, y a la vez que se fueron cristianizando siguieron con esta costumbre mestiza entre el paganismo nórdico y el cristianismo y empezaron a talar abetos durante la Navidad para decorar sus hogares, así que san Bonifacio puede pasar a la historia como el inventor del árbol de Navidad o como el primer deforestador.

Los primeros *influencers* que colocaron un árbol en su casa y, por lo tanto, los que lo pusieron de moda, fueron Jorge III, soberano de Inglaterra, y su mujer, Carlota de Mecklemburgo-Strelitz, oriunda de Alemania. Cincuenta años después, toda la élite inglesa adornaba sus casas con árboles, bajo los que colocaban los regalos que les traía san Nicolás. Con las migraciones hacia Estados Unidos desde Inglaterra y Centroeuropa, esta costumbre se extendió por todo Estados Unidos, sobre todo por la zona protestante. Con el tiempo empezó a aparecer en películas y series y fue incorporado también en regiones católicas de ambos lados del Atlántico, con lo que llegó así hasta nuestras casas una tradición que viene de las actuales repúblicas bálticas, de donde pasó a Alemania, de esta a Inglaterra, de allí a Estados Unidos y finalmente de este país a todo el mundo.

Así que cada vez que oigáis a alguien quejarse y decir: «Yo no pongo el árbol de Navidad, que es un invento yanqui. Yo pongo el belén, que es más de aquí, como se ha hecho toda la vida», acordaos del origen nórdico de esta tradición y hacérselo saber, para que en la cena de Navidad se hable de algo que no sea política o fútbol, que se hable de san Bonifacio y de su hacha evangelizadora.

ESTE MUERTO ESTÁ MUY MUERTO

Ha habido muchos papas, eso ya lo sabemos, doscientos y pico, pero ahora os voy a hablar del número ciento once, un tal Formoso, que os sonará a chino, pero tuvo una vida azarosa que vale la pena contar aquí; bueno, en realidad lo que fue azaroso fue el periodo después de morir, pero vamos por partes.

Formoso nació en Ostia, cerca de Roma, en el siglo IX, y fue legado en Bulgaria, Constantinopla y Francia bajo el papado de Nicolás I; en este último reino, consiguió convencer a Carlos el Calvo de que aceptase la corona imperial a base de darle la matraca. Años después apoyó la coronación de un tal Arnulfo de Carintia como rey de Italia, y aquí empezó todo el mondongo, porque con ello se enfrentó a la voluntad del papa Juan VIII, que no quería ver a Arnulfo ni en pintura, y mucho menos como rey de Italia. Este apoyo de Formoso a Arnulfo le valió al primero la excomunión, como resultado de su provocación, pues desde hacía tiempo ya se sabía en Roma que Formoso era partidario del rey alemán, quien era visto en Italia como un peligro por la nobleza italiana, a la cual defendía y pertenecía Juan VIII.

Al ser excomulgado tuvo que hacer las maletas y coger las de Villadiego, y no pudo volver a Francia hasta que Juan VIII murió; según la crónica medieval *Annales fuldenses*, fue envenenado, pero a pesar de su padecimiento a causa del veneno no acababa de morir, por lo que lo remataron a martillazos. El papa que lo sustituyó, Marino I, perdonó a Formoso y le restituyó en su puesto a la cabeza de la iglesia en Porto, en la mismísima Roma. A Marino I, que también falleció envenenado, lo sustituyó Adriano III, y a este Esteban V. Cuando Estaban murió, le llegó el gran momento a Formoso, que accedió al solideo papal con el nombre de Formoso I.

Durante su papado, Formoso I, como su predecesor y sus sucesores, además de cabeza de la Iglesia fue un títere en manos de los tejemanejes de la nobleza, y uno de estos tejemanejes fue el que urdió Guido de Spoleto, que le obligó a reconocer a su hijo, Lamberto de Spoleto, como sucesor y futuro emperador, lo cual a Formoso le tuvo que saber a cuerno quemado, ya que él era partidario de Arnulfo de Carintia. Cuando Guido la palmó en 894, Lamberto, gracias al reconocimiento obligado de Formoso I y por lo tanto de la Iglesia, se convirtió en el nuevo emperador. Pero a Formoso le iba el salseo y no tardó en contactar con Arnulfo de Carintia para que este avanzase sobre Roma y liberase la ciudad y a él mismo de la familia Spoleto.

A Arnulfo le pareció buena idea invadir Roma y quitarle a Formoso de encima a los Spoleto a cambio de ser nombrado rey. Por ello cruzó los Alpes y se plantó en Roma preguntando: «A ver, ¿dónde está lo mío?». Lamberto tuvo que huir de Roma y perdió su corona. Más contento que unas castañuelas, Formoso coronó a Arnulfo en la mismísima basílica de San Pedro en febrero de 896, pocos meses antes de morir, no sabemos si de la alegría o de qué, pero el caso es que falleció y no pudo disfrutar del reinado de su amigo alemán.

Podríamos pensar: «Pues muy bien, que descanse en paz», y es cierto que durante un tiempo Formoso I descansó en paz, pero fue muy poco tiempo, ya que, poco después de su entierro, su sucesor, el papa Bonifacio VI, ayudado por Lamberto de Spoleto, decidió celebrar un juicio contra Formoso.

Y diréis: «¿Qué demonios pinta Lamberto Spoleto aquí?» y «¿Cómo se realiza un juicio contra un muerto en la Edad Media?». La primera pregunta es sencilla: Arnulfo se puso malísimo, no sabemos qué pilló, pero se encontraba tan mal que decidió irse a su casa, momento que los Spoleto, que ahora sí gozaban de la ayuda del nuevo papa, aprovecharon para reconquistar la región. La segunda pregunta en realidad también se responde de manera fácil: desenterrando el cuerpo y sometiéndolo a juicio; lo normal, vamos. Tú imagínate al pobre desgraciado al que le habrían dicho: «A ver, tú, Luca, coge a tu primo y os vais los dos a la tumba del último papa, me lo desenterráis y os lo traéis mañana para hacerle un juicio».

Parece ser que Luca y su primo tardaron más de la cuenta en sacar a Formoso de la tumba, o al menos tardaron más de lo que duró Bonifacio VI, que murió de gota quince días después de ser nombrado papa. Total, que eligieron nuevo papa a Esteban VI, también con ayuda de los Spoleto, y este no le hizo ascos a llevar a un cadáver ante un tribunal, así que convocó un concilio y celebraron el juicio. Vistieron al cadáver con los atributos de papa y lo sentaron a escuchar las acusaciones. Como era lógico, fue hallado culpable de todas, porque, claro, el pobre hombre no se pudo defender, pues no se encontraba muy católico, y se declaró inválida su elección como papa. Como castigo se le arrancaron las vestiduras y los tres dedos con los que impartía bendiciones, tras lo cual se le enterró en un lugar secreto.

Durante los papados de Romano y Teodoro II se iniciaron los trámites de restitución de los honores como papa y su cuerpo se devolvió a la basílica de San Pedro. El siguiente papa, Juan IX, promulgó que las acusaciones y juicios a difuntos estaban completamente prohibidos, por lo que, aparentemente, todo el tinglado que le habían liado a Formoso después de muerto se quedó tan solo en un esperpento puntual, pero solo lo pareció, porque en cuanto llegó al papado Sergio III, en el año 904, es decir, ocho años después de la muerte de Formoso, se decidió volver a hacer otro juicio más al cadáver, que debía estar fino ya, tras ocho años de descomposición. En este nuevo juicio, fue nuevamente hallado culpable y como castigo lo tiraron al río Tíber.

No queremos dejar de pensar en el pobre desgraciado al que durante este tiempo tuvieron pendiente del cuerpo: ahora desentiérralo, luego lo vistes, me lo traes, le arrancas la ropa y le cortas tres dedos, después lo escondes, luego lo vuelves a enterrar, a continuación lo vuelves a exhumar y le volvemos a juzgar y, por último, lo coges y lo tiras al río.

También nos acordamos del pobre pescador que se encontró el cuerpo y que tiempo después lo llevó al Vaticano, donde descansa hoy en día esperando, suponemos, un nuevo juicio.

LAS CRUZADAS

Corría noviembre del año 1095, cuando en Clermont se celebró un concilio convocado por el papa Urbano II, en el cual, entre otros problemas, se trató la petición de ayuda del emperador bizantino en su lucha contra sus vecinos musulmanes. En este concilio se tomó una decisión bastante desastrosa tanto para los cristianos como para los musulmanes, aunque notablemente peor para los primeros, como veremos.

A las puertas de la ciudad se había reunido una multitud que esperaba ansiosa para escuchar las decisiones tomadas en el concilio, con la misma expectación de un futbolero viendo la final del mundial o de un *hater* viendo como España se estrella en Eurovisión; así pues, esta gente escuchó una noticia que a priori les encantó, pero que luego les dejó de hacer gracia. El papa, desde la tribuna, lanzó un mensaje en el cual invitaba a los cristianos a dejar los conflictos entre sí y encaminar toda esta violencia a castigar con puño de hierro a los «pueblos del reino de los persas, nación maldita, nación completamente extraña a Dios, raza que de ninguna manera ha vuelto su corazón hacia Él, ni ha confiado nunca su espíritu al Señor, ha invadido en esos lugares las tierras de los cristianos».

A esta gente también se los acusó de esclavizar y matar cristianos, por lo cual la cosa estaba clara: la cristiandad se tenía que poner manos a la obra para expulsar a esa gente de Tierra Santa. Tras el discurso, intervino Pedro el Ermitaño, que se limitó a comentar a voces: «Dios lo quiere», que fue algo así como darle *fav* y *retweet* al discurso del papa.

La gente no se lo pensó mucho: si Dios lo quería, habría que hacerlo, y así comenzó la primera cruzada de muchas, que además fue la única que salió bien para los cristianos, porque las demás fueron una catástrofe de proporciones bíblicas. Lo más curioso es que el concilio del que salió esta brillantísima idea había sido convocado para establecer la paz entre los reinos cristianos, y claro, qué mejor manera de que dos no se peleen que encontrar a alguien al que puedan pegar entre estos dos. La excusa para la invasión fue que los turcos selyúcidas, que habían sustituido al poder árabe en Palestina, eran menos tolerantes con los cristianos que sus antecesores. Además, el avance de los turcos amenazaba el poder del Imperio bizantino, y con las cruzadas se pretendió también el establecimiento de reinos latinos católicos en esa zona tan rica para el comercio. Estos intereses políticos y económicos fueron tapados por el interés religioso, con lo que los cristianos humildes se sumaron a esta aventura empujados por el fervor religioso.

La primera cruzada (1095-1099) salió más o menos bien y se saldó con la victoria cristiana y el control de los territorios en disputa. Los cristianos fundaron el Reino de Jerusalén y algún que otro condado, que eran bastante ricos gracias al comercio, pero de este comercio las que más se enriquecieron fueron las repúblicas italianas. Cristianos 1 - Musulmanes 0.

Pero esta situación no duró mucho, ya que las fuerzas musulmanas se reorganizaron y conquistaron el condado de Edesa, lo que enfadó a los cristianos, que convocaron la segunda cruzada (1147-1149) para reconquistar este condado, pues, total, ya habían ganado una cruzada, ¿por qué no intentar vencer en dos? Las tropas del rey de Francia y las del emperador germánico, que no se ponían muy de acuerdo entre ellos porque el ego es el ego, marcharon hacia Oriente, donde los musulmanes les dieron sopas con honda, por lo que el emperador germánico, Conrado, pensó aquello de «como en casa en ningún sitio», y cogió a su ejército, o lo que quedaba de él, y se volvió a Europa. El resto de los supervivientes se refugiaron en Jerusalén; solo cuando recobraron fuerzas se lanzaron contra Damasco, pero no lograron nada porque, al enterarse de que los musulmanes enviaban refuerzos a Damasco, levantaron el campamento y regresaron a Europa sin haber conquistado nada de nada. Cristianos 1 - Musulmanes 1.

Resultó tan desastrosa la segunda cruzada que se pensó que a ninguna lumbrera se le volvería a ocurrir plantear otra, pero no fue así. A pesar de que musulmanes y cristianos habían convivido en relativa paz y habían establecido importantes intercambios culturales, se produjeron una serie de violaciones del *statu quo* que hicieron que los musulmanes, unificados bajo el mandato de Saladino, tomaran Jerusalén en 1187. Esto comportó que varios reyes europeos acudieran a la llamada de la tercera cruzada (1189-1192). Así, los reyes de Francia e Inglaterra, junto con el emperador germánico, se pusieron en marcha hacia Asia; el emperador Federico Barbarroja se ahogó en un río el mismo día que descubrió que la armadura no flotaba...

Al poco de llegar, los cruzados conquistaron San Juan de Acre, donde provocaron una sangría propia de una película de Tarantino. Pero pronto empezaron los problemas, ya que el rey de Francia se volvió a su tierra para aprovechar que Ricardo de Inglaterra no estaba y así arrebatarle sus posesiones en Francia, por lo que Ricardo se quedó solo ante el peligro. Aunque lo intentó, no pudo hacerle frente a Saladino, con el que firmó una tregua según la cual él se largaría de nuevo a Inglaterra y Saladino protegería a los peregrinos. Pero la tregua solo duró tres años. Cristianos 1 - Musulmanes 2.

En 1202 Inocencio III convocó una nueva cruzada, la cuarta (1202-1204), que no salió como esperaba el papa ni de lejos. Esta cruzada fue comandada por simples caballeros, y su objetivo era Egipto, pero hubo un problema: los cruzados contrataron el transporte con los venecianos, quienes no se lo vendieron barato. Al no haber *crowd-funding* en esa época, los cruzados no pudieron pagarlo todo, por lo que, como forma de pago, Venecia los obligó a desembarcar en la ciudad cristiana de Zara, en el Adriático, y conquistarla. Casualmente esta ciudad era competidora comercial de Venecia, casualmente… Después de esto, llevaron a los cruzados a Constantinopla, ciudad que también saquearon, lo que provocó que se cediesen ciertos territorios bizantinos a la república de Venecia y se colocase a Balduino como primer emperador de Oriente. Es decir, que de esta cruzada los musulmanes ni se enteraron porque los cristianos se dedicaron a atacarse entre ellos, siempre en beneficio de Venecia y su comercio. Cristianos 1 - Musulmanes 3.

Como podemos ver, las cruzadas, además de ser un fracaso, cada vez iban a peor: los musulmanes seguían teniendo bajo su poder la Tierra Santa; los reinos cristianos cada vez tenían menos capacidad militar para reconquistar Palestina, y el Imperio bizantino, estado tapón entre el cristianismo y el islam, estaba cada vez más debilitado. Parecía que estas correrías se habían acabado, debido a los pésimos resultados, pero no, los cristianos siguieron intentando conquistar Tierra Santa de manera cada vez más estrambótica.

Tras la cuarta cruzada se produjo en 1212 la llamada «cruzada de los niños», en la cual se argumentó que los únicos que podrían liberar Tierra Santa eran los puros de corazón. Por ello, una legión de predicadores fanáticos convenció a los padres de más de 30.000 niños de que enviaran a estos sin alimento ni armas, ni nada, a liberar el santo sepulcro de manera milagrosa. Pensaréis que menuda escabechina tuvieron que hacer los musulmanes con todos esos niños desarmados y mal alimentados, pero no fue así, ya que, una vez embarcados, los niños no partieron hacia Tierra Santa, sino hacia Túnez, donde fueron vendidos como esclavos. Así que de nuevo punto para los musulmanes. Después de esta cruzada que parece ser que tiene tintes míticos, se dieron otras cinco con resultados igual de desastrosos o similares, de las que solo cabe destacar la sexta, en la que se consiguió mediante un acuerdo que los cristianos retomasen Jerusalén durante nueve años.

Así que podemos decir que el resultado final fue algo así como Cristianos 1 - Musulmanes 9, y también podríamos decir que la mayor parte de los goles fueron en propia puerta.

DESPERTA FERRO!

Los almogávares fueron un cuerpo mercenario, procedente principalmente del reino de Aragón, del que los monarcas de este reino se sirvieron para su expansión por el Mediterráneo.

Tras ayudar a que se consolidase el dominio de la dinastía de Barcelona sobre Sicilia, esta unidad mercenaria comenzó a ser molesta para su propio contratante, Federico II de Sicilia, quien los animó a buscar nuevas aventuras fuera de su territorio. Y así lo hicieron: los almogávares, liderados por Roger de Flor y Berenguer de Entenza, como buenos *entrepeneurs* de la guerra que eran, se enteraron de que el Imperio bizantino necesitaba desesperadamente ayuda en su lucha contra los turcos, y como no eran tontos ofrecieron sus servicios a Andrónico II a cambio de unas condiciones muy duras. Andrónico II las aceptó y la Gran Compañía salió de Sicilia rumbo a Constantinopla en un total de treinta y seis naves.

Durante la travesía saquearon alguna ciudad y, al llegar, Roger de Flor se casó con la sobrina del emperador y atacó un barrio de Constantinopla donde vivían los mercaderes genoveses, enemigos comerciales de la corona de Aragón. Para evitar más problemas, y viendo que había contratado a una fuerza que no podía controlar del todo, Andrónico II los invitó a asentarse en la península de Anatolia, en la ciudad de Arati. Cuando llegaron, expulsaron a los turcos y se establecieron allí para pasar el invierno. Desde esta ciudad vencieron a los turcos en dos batallas, en Tira y Filadelfia.

Junto con estos primeros éxitos llegaron también más refuerzos desde Cataluña. Esto puso muy nerviosos tanto a los turcos, porque eran conscientes de la que se les venía encima, como a los bizantinos, que vieron que los almogávares tenían más ambición que ganas de ayudar, y por lo tanto militarmente eran muy peligrosos, ya que el Imperio bizantino estaba en horas bajas y no se podía permitir enfrentarse a los turcos, por un lado, y a los catalanes, por otro. Y más teniendo en cuenta que esta expedición era para Aragón una punta de lanza para establecerse también en este extremo del Mediterráneo.

Los bizantinos concluyeron que, para evitar la codicia de los almogávares, la mejor solución era la de dar matarile a sus líderes. Así, Roger de Flor y sus allegados fueron invitados a un banquete por el emperador asociado, Miguel IX, que los hizo asesinar. El problema se había solucionado, habían descabezado a los problemáticos catalanes. O eso pensaron ellos, porque lo que produjo este acto fue la llamada venganza catalana: al grito de «*Desperta ferro!*» se rebelaron contra el poder imperial y se hicieron fuertes en Gallipoli, donde establecieron su capital.

Desde Gallipoli se dedicaron durante dos años a saquear las llanuras de Tracia y, bajo el mando de Bernat de Rocafort, los almogávares constituyeron un verdadero estado independiente del bizantino. Se incorporaron, además, nuevas tropas desde Aragón, con las que decidieron cruzar el Egeo y establecerse en Kassandra. Fue en este momento cuando empezaron las disensiones entre los diferentes caudillos almogávares, hasta tal punto que Berenguer de Entenza, quien actuaba como nexo de los almogávares y la corona de Aragón, fue asesinado por orden de Bernat de Rocafort, que así pasó a ser el líder indiscutible de la compañía hasta que, traicionado por sus hombres, fue entregado al rey de Nápoles, quien lo mató de hambre. Los almogávares pasaron a estar bajo el mando de Thibaut de Chepoys, que guio a la Gran Compañía hacia el centro de Grecia, convirtiéndola así en una especie de república itinerante. Fueron por toda Grecia repartiendo sangre y muerte a diestro y siniestro, sin dejar títe-

re con cabeza. Saquearon todo cuanto pudieron, y además ayudaron, a cambio de cuantiosas sumas de dinero y tierras, a los nobles que estaban enfrentados al Imperio bizantino, como fue el caso del duque de Atenas, que no les pagó lo suficiente, o eso pensaron ellos, y acabaron luchando contra él y venciéndole, y pusieron en su lugar al hijo del rey de Sicilia.

Así formaron el condado siciliano-catalán de Atenas y luego el de Neopatria, que con el tiempo pasarían a formar parte de la corona aragonesa.

NO ME VOY NI CON AGUA CALIENTE

Ahora, si queréis, os voy a explicar de dónde viene la frase «mantenerse en sus trece», y si no queréis, también.

Bueno, pues al lío: todo se remonta a los siglos XIV y XV (catorce y quince para los *millennials*), y el protagonista de esta historia, o al menos uno de ellos, es Pedro Martínez de Luna y Pérez de Gotor, que es un nombre tela de largo y os sonará a chino; también se lo conoció como el papa Benedicto XIII, que os sonará lo mismo, porque será por falta de pontífices. Quizá os suene más por el nombre con el que se hizo famoso: el papa Luna.

Resulta que este tipo nació en Illueca, que por aquel entonces, 1328, pertenecía al reino de Aragón, y gracias a lo poderosa que era su familia se pudo permitir tomar la carrera sacerdotal y estudiar leyes en la Universidad de Montpellier. Más tarde, fue nombrado cardenal por el papa Gregorio XI en los últimos compases del turbulento periodo conocido como «papado de Aviñón». Este papado se caracterizó porque los papas, hartos de la inseguridad que se vivía en Roma, decidieron buscar una nueva sede cerca de sus, por entonces, aliados, los reyes de Francia, y se mudaron a Aviñón, hasta que Gregorio XI decidió volver a Roma.

Gregorio XI falleció y hubo que elegir nuevo papa, y aquí entra en acción Pedro Martínez de Luna, que por aquel entonces era partidario de un papa italiano y no de uno galo, títere del rey de Francia, por lo que propuso a Bartolomeo Prignano. Dieciséis de los veintinueve cardenales decidieron reunirse sin esperar a los demás en un cónclave en Roma, donde eligieron a Bartolomeo Prignano, arzobispo de Bari, como papa, presionados por el pueblo de Roma, que no quería otro pontífice extranjero que volviese a llevarse la sede apostólica fuera de la ciudad, y también presionados por sus propios intereses, ya que ellos eran, en su mayoría, italianos.

Bartolomeo Prignano, a partir de entonces Urbano VI, resultó ser un papa poco diplomático, por lo que los franceses intentaron provocar un cisma. Pedro Martínez de Luna, para ayudar al nuevo papa, fue a reunirse con los cismáticos franceses con el objetivo de ver qué tripa se les había roto.

Tras esta reunión, Pedro se enteró de que, de los dieciséis cardenales que habían votado a Urbano VI, muchos lo habían hecho coaccionados, y los que no habían podido votar porque estaban donde Cristo dio las tres voces tampoco estaban mucho más contentos. Total, que viendo que eso había sido un pucherazo en toda regla, se declaró la elección de Urbano VI nula y le dijeron al papa aquello de «Gracias por participar, te llevas el juego del programa», lo que a Urbano VI le dio exactamente igual, puesto que nombró a veintinueve cardenales nuevos para que le apoyasen y siguió ejerciendo de papa.

Para sustituir a Urbano VI se eligió nuevo pontífice a Roberto de Ginebra, el cual tomó el nombre de Clemente VII, y decidió volver a Aviñón porque en Roma estaba Urbano VI. Tenemos, por lo tanto, dos papas, y una cristiandad que se vio dividida en dos obediencias. Los reinos, por su parte, también se dividieron en dos: Alemania, Flandes e Italia consideraron legítimo a Urbano VI; Castilla, Aragón y Navarra, más prudentes, esperaron a ver qué decidían los demás reinos, los cuales apoyaron a Clemente VII.

Ahora bien, como todo hijo de Dios, Urbano VI murió, y con ello pareció que todo se había solucionado, pero no, puesto que sus leales eligieron papa a Bonifacio IX, y lo mismo pasó cuando Clemente VII amochó y por veinte votos de veintiuno fue elegido pontífice Pedro de Luna, a partir de ahora conocido como Benedicto XIII; total, que seguimos teniendo dos papas, pero con otros nombres.

Resultó que Benedicto XIII, como buen aragonés de la época, pasaba olímpicamente de lo que le mandase Francia, lo cual al rey francés no le gustaba ni un pelo, por lo que Francia retiró su apoyo político y financiero a la sede papal de Aviñón y presionó a Benedicto XIII para que renunciara a su cargo. Benedicto XIII dijo que sus cojones, que no se iba, y Francia asedió Aviñón y convenció a los reinos de Portugal y Navarra para que dejaran de reconocer al papa Luna como cabeza de la Iglesia. El poder de Francia en la Santa Sede era tal que, tras mostrar su descontento hacia el papa Luna, solo quedaron cinco cardenales leales a él, y solo mantuvo el reconocimiento de los reinos de Aragón, Castilla, Sicilia y Escocia. Francia asedió Aviñón para deponerlo de su cargo, pero el papa Luna consiguió huir y refugiarse en Nápoles.

A todo esto, Bonifacio IX murió y le sucedió Inocencio VII, que duró dos años, y a este, Gregorio XII; seguimos con dos papas y la Iglesia dividida y a vueltas. En 1407 la situación de la Iglesia era ya insostenible, por lo que ambas partes intentaron encontrar una solución: Gregorio XII y Benedicto XIII acordaron reunirse y abdicar ambos en beneficio de la elección de un tercer papa que pusiese fin al dichoso cisma. Todo parecía ir bien hasta que ambos decidieron que se vivía muy bien de papa como para andar abdicando, y, por lo tanto, no lo hicieron.

Entonces los cardenales disidentes decidieron, con la ayuda del rey de Francia, convocar un concilio en Pisa, adonde deberían acudir Gregorio XII y Benedicto XIII en calidad de acusados, pero no se presentaron, así que ambos fueron depuestos por herejes y cismáticos. Este mismo concilio sirvió para montar un cónclave en el cual se eligió nueva cabeza de la Iglesia al cretense Pedro Philargés, que tomó el nombre de Alejandro V. Es decir, que si no era suficiente con dos papas ahora tenemos tres, aunque Alejandro V no duró mucho, puesto que un año después murió y se eligió en su lugar a Juan XXIII. Por lo tanto, tenemos a Juan XXIII en Roma, a Benedicto XIII en Peñíscola y a Gregorio XII en Rímini, todos empecinados en que eran la cabeza de la Iglesia.

Se decidió poner fin de una vez a esta situación y se convocó, gracias a la intermediación del emperador Segismundo, un nuevo concilio en el que Juan XXIII fue detenido y Gregorio XII renunció al papado. Todo esto a Benedicto XIII se la sopló fuertemente, pues siguió en Peñíscola haciendo *nesting* y reconociéndose a sí mismo como papa a pesar de que ya nadie le apoyaba. Finalmente se eligió papa a Martín V, que fue reconocido por toda la cristiandad; bueno, por toda no, que Benedicto XIII, el papa Luna, siguió convencido de que él era el verdadero pontífice hasta que cascó en 1423, a los noventa y seis años de edad. Todo debería haber acabado ahí, pero no, sus leales, los pocos que quedaban, decidieron elegir sucesor a Clemente VIII, que tuvo que abdicar por la presión del rey Alfonso V.

Fue tal la obsesión de Benedicto XIII con el papado y con la voluntad de no ceder ni un ápice que de ahí viene lo de «mantenerse en sus XIII». ¿Lo pilláis? Qué jocosa era la gente antiguamente.

EL DERECHO DE PERNADA

Sobre la Edad Media se ha escrito mucho, y también muchas mentiras o mitos que nada o poco tienen que ver con la realidad. Una vez concluido, las etapas posteriores vieron en el Medievo una época oscura y llena de horrores, que lo fue, pero no hasta los límites que nos han venido mostrando, principalmente desde la Ilustración, cuyos pensadores se creían tan modernitos y tan *edgy* que todo lo que había ocurrido antes de ellos era mierda pura, sobre todo si estaban involucrados los nobles, un estamento que, por lo que fuese, no le gustaba nada a los ilustrados, vete tú a saber por qué, si esa gente era buenísima. ¿Qué maldad han hecho los nobles? Ninguna, si son más buenos que el pan; es cierto que a veces se les iba la mano, pero es que los siervos son un poco puñeteros, todo el día con hambre y cansados de trabajar de sol a sol. De esta tirria completamente justificada surgieron mitos como el del cinturón de castidad, la quema de brujas, más propia de etapas posteriores, y el célebre derecho de pernada.

El derecho de pernada, como se conoce popularmente, o *ius primae noctis*, es un supuesto derecho mediante el cual los nobles tenían el privilegio feudal de pasar la noche de bodas con la mujer de sus vasallos.

Esta horrible práctica aparece representada en diversas obras artísticas como la película *Braveheart*, la ópera *Las bodas de Fígaro* o *Dictionnaire Philosophique* de Voltaire, y pido perdón por juntar a Mozart y a Voltaire con un señor como Mel Gibson. Pero claro, dichas obras se crearon con posterioridad a la Edad Media y por ello no tienen por qué ser fieles a la realidad, de hecho no lo son, al menos en lo que concierne al derecho de pernada; en lo demás, no sé.

El *ius primae noctis*, con independencia de que existiese o no, parece tener su origen en una costumbre germánica llamada *Beilager*, costumbre por la cual el señor tenía derecho a pasar la noche con la recién casada, a no

ser que el matrimonio le pagase una serie de impuestos. Sin embargo, la existencia de esta costumbre no parece lo suficientemente establecida como para que con el tiempo se transformase en una práctica reconocida a nivel legal; de hecho, en ningún lugar se ha encontrado ningún documento legal en el que aparezca recogido este derecho.

Esto nos lleva a pensar que legalmente esta potestad no existió jamás, aunque bien es cierto que el hecho de que no existiese un derecho concreto que recogiese esta práctica no significa que no se produjese, ya que en realidad no hace falta una ley que recoja como legales las violaciones para que estas se produzcan, ¿verdad?

Por lo tanto, podemos decir que no nos encontramos ante un derecho o una ley, sino ante un hecho social deleznable en cualquier época, que no está recogido en ningún tipo de legislación, porque no haría falta una ley que reconociese el derecho de un noble a presentarse en la vivienda que él mismo habría dado a una familia de campesinos para que trabajasen unas tierras que también serían de él, y se acostase con la mujer o con la hija del campesino, y si quisiese con el campesino mismo, aunque esto no lo haría para que no le acusasen de sodomita o de endemoniado, pero poder podría, porque a efectos prácticos serían suyos y haría con ellos lo que quisiera por ser noble, como si se le ocurría ponerlos a todos a bailar la conga, incluidos los animales de tiro.

Podemos decir que a pesar de que no existían como derecho estas violaciones, que es lo que eran, sí que se daban estas situaciones. En el caso de que hubiese un derecho que las amparara, esto se daría en ámbitos muy concretos y muy pequeños, y casi siempre este derecho se sustituiría por una cuantiosa paga de los campesinos hacia su señor, y el acto sexual se remplazaría por una especie de «baile» bastante humillante para la mujer, en el que el noble podía saltar por encima de la novia o ponerle la pierna encima, de ahí el origen del término «pernada», lo cual servía de recordatorio a los vasallos de que él estaba por encima de ellos y realmente podía hacer con ellos lo que quisiera.

Este cobro de impuestos por casarse, que realizaban los nobles aduciendo la costumbre ancestral de violar a las mujeres recién casadas y que se traduce simplemente como un «o me pagas o te violo», era menos insultante para el varón y para la mujer, pero los ponía en serios aprietos económicos porque los campesinos no es que destacasen por estar montados en el dólar. Todo ello terminó en el momento en el que se consolidó el matrimonio religioso, ya que este pasaba a estar amparado por el derecho canónico, y frente a este no hay poder feudal, tradición o fuero que valga: si la Iglesia dice que no, es que no, y es que la Iglesia pasó a considerar que, al bendecir un matrimonio, los nobles no pintaban nada en esta relación. Por ello comenzó a estar mal visto incluso el hecho de que los nobles exigiesen a la gente un impuesto especial por casarse, pues se consideró un mal uso señorial y quedó abolido en el momento en el que los reyes tuvieron poder absoluto para dictar leyes que restasen derechos a sus nobles sin que estos se pudiesen rebelar, como fue el caso de Fernando II de Aragón.

La única documentación escrita que existe sobre este supuesto derecho es la «Sentencia arbitral de Guadalupe» (1486), en la cual Fernando II de Aragón, más tarde conocido como Fernando el Católico, dictó una serie de leyes para abolir los malos usos de los señores para con los siervos, y entre estas leyes se recogía una en la cual se garantizaba que los nobles no pudiesen hacer uso de este derecho, tanto en lo que atañía a poner la pierna encima de la mujer y humillarla con un baile ridículo que simulaba o hacía referencia al hecho de practicar sexo con ella como a pedirles dinero por casarse, todo ello delante de los invitados.

En resumen, el derecho de pernada empezó como una tradición o una costumbre social, y no como un derecho, a pesar de su nombre, que consistía en la violación, por parte de los nobles, de las mujeres en la noche de bodas. Esto muy pronto se sustituyó por el cobro de unos impuestos y un baile humillante para la mujer, porque, total, el impuesto ese solo lo podían cobrar en la noche de bodas, mientras que violarlas lo podían hacer cuando quisiesen, porque para eso estaban por encima de sus siervos. Esto ocurrió hasta el momento en el que se instauró el matrimonio católico, que amparaba los matrimonios dejando legalmente fuera del poder nobiliario la posibilidad de seguir cobrando a los recién casados. Aun así, estos lo siguieron haciendo, y llegó a estar tan mal visto por la sociedad que, en algunos casos, como el de la corona de Aragón, incluso el rey intercedió y les quitó definitivamente este derecho. Lo cual no garantizó que los nobles dejasen de hacer perrerías, tanto a sus siervos como a sus siervas, llevándose estas, como siempre, la peor parte.

PONER LOS CUERNOS

No sé si os habrán «puesto los cuernos» alguna vez; espero que, si sois buenas personas, no os haya pasado. Ahora, si sois peores personas que Trump..., bueno, que os lo comáis con vuestro pan. Sea como sea, seguro que habréis oído expresiones como: «Menudos cuernos le han puesto a menganita» o «Fulanito es un cornudo», que parece ser que tienen su origen en la historia, parece...

Se supone que esta expresión comenzó con los vikingos. Según esta teoría, los distintos jefes vikingos tenían una especie de derecho de pernada, que les permitía pasar la noche que quisieran con la mujer que quisieran, con erótico resultado, independientemente de su estado civil. Si la mujer estaba casada, el jefe vikingo, antes de entrar en la casa de la afortunada (o más bien de la desgraciada), dejaba su casco con cuernos en la puerta para que el marido lo viese y no entrase a interrumpirle. De ahí vendría la frase «Te han puesto los cuernos», que debió de oír por primera vez un tal Haakon o un tal Olaf.

Hasta aquí todo correcto, pensaréis; qué curioso origen, dirán otros. Pero lo cierto es que no sabemos de dónde viene esta expresión y es imposible que tenga como origen a los vikingos, porque, a pesar de lo que nos han hecho creer o lo que hemos querido creer, los cascos que estos utilizaban no tenían cuernos ni de lejos.

No se sabe con certeza de dónde ha salido la idea de que los vikingos portaban cuernos en sus cascos, aunque parece ser una confusión fruto de las historias que de estos invasores nórdicos contaron sus víctimas, las cuales los comparaban con demonios, pero por su actitud, no por su aspecto cornudo.

Esta imagen de ser endemoniado se traspasó a los grabados posteriores, donde se los empezó a representar con cuernos en los cascos. Además, a esta concepción de los cascos vikingos contribuyeron una serie de piezas arqueológicas que no eran de la cultura vikinga ni de la época, pero que la gente asoció con ellos. Estos cascos encontrados son celtas y se fabricaron durante la Edad de Hierro (800 a. e. c.–100 d. e. c.), época bastante alejada en el tiempo de los vikingos (700–1100 d. e. c.).

A estas representaciones idealizadas les vino a poner el broche de oro la ópera: en *El ocaso de los dioses* y *La walkiria*, ambas de Wagner, aparecían unas cantantes portando unos cascos con unos cuernos que parecían un perchero. El casco con cuernos es, por lo tanto, una mentira histórica, fruto de una concepción romántica de esta sociedad; las evidencias arqueológicas han demostrado que los vikingos rara vez llevaban cascos y que ninguno de estos tenía cuernos; normalmente portaban una especie de gorro de piel o iban con la cabeza desnuda.

Los cascos con cuernos no son la única mentira que se ha contado de estas gentes del norte, y es que todos los relatos de esta época están escritos o recogidos por las víctimas de los vikingos, y por lo tanto su barbarie está un tanto exagerada, ya que los cristianos no llegaban a imaginar cómo estas gentes eran capaces de entrar en un monasterio o en una iglesia y destruirla completamente, porque su forma de ver la vida no concebía tal nivel de sacrilegio en una persona, por muy pagana que fuese. La sociedad vikinga, calificada de bárbara, destacaba por que la mujer vikinga, a pesar de su papel subalterno, tenía más preponderancia que la mujer en la sociedad cristiana, ya que era reconocida en la esfera pública y podía incluso portar armas y escudo; además podía aprender a leer y escribir, y hasta podía decidir con quién casarse o con quién dejar de estar casada.

Así que la visión de estos paletos sangrientos del norte como unos bárbaros con cascos de cuernos que nos ha llegado es una visión errónea o sesgada, producida sin duda por las crónicas escritas por sus víctimas. De hecho, llegó un momento en el que los vikingos fueron conscientes de su mala prensa y del temor que infundían en sus enemigos y empezaron, por así decirlo, a actuar como terroristas, es decir, cometían actos crueles y sanguinarios no porque fuese su forma de actuar, sino como publicidad ante el enemigo. Aprendieron a atacar a las poblaciones cristianas cuando la gente estaba en misa para pillarlos de improviso.

Asimismo, la creatividad de sus ataques llegó al punto de que Björn Ragnarsson, viendo que era incapaz de asaltar la ciudad de Luni, que creía que era Roma, se hizo el muerto y envió emisarios al obispo de la ciudad diciendo que había abandonado su fe pagana y había abrazado a Cristo en su lecho de muerte antes de anunciar su último deseo: ser enterrado junto a una iglesia. Así consiguió que dejasen entrar su ataúd con él dentro, junto con una pequeña guardia de honor, y cuando estaba en la capilla se levantó como Lázaro y se puso a repartir hachazos a diestro y siniestro hasta conseguir abrir las puertas de la ciudad para que su ejército entrase y arrasase Luni. «*Emosido* engañados», debieron de pensar los habitantes de Luni.

Es cierto que, sabiendo esto, tiene cierta lógica la leyenda negra creada alrededor de estos señores del norte, que como el resto de las sociedades de la época impuso su poder a golpe de espada, o en este caso más bien de hacha.

EL CINE Y LA EDAD MEDIA

Si hay una etapa en la historia que se aborda con muchísima fantasía por parte del mundo del celuloide, esa etapa es la Edad Media, y es de esto de lo que voy a hablar, porque si ya he contribuido a que os convirtáis en unos repipis del cine histórico, del de la prehistoria y del de romanos, por qué no hacerlo también con el de vikingos, caballeros, cruzados y reyes.

Pues al lío. Podemos decir que el 80 % de las películas ambientadas en la Edad Media, no hay por donde cogerlas, bueno, sí, por el pescuezo. Estas películas se convierten en un desfile de animales mitológicos, encuentros improbables entre civilizaciones, príncipes de leyenda, reyes legendarios y espadas clavadas en piedra. Algunas ni las vamos a comentar porque es evidente que, si aparecen dragones, la película no es histórica. Algunos diréis: «Lo de la espada en la piedra es lo del rey Arturo, y ese sí que existió»; pues mira, OK, pero que se aclaren: ¿sacó la espada de una piedra o, como dirían los Monty Python, de «una furcia natatoria», también conocida como la dama del lago?

Habiendo, como hay, tantísimas películas malas de esta época, os voy a comentar un par para que os podáis hacer los sabiondos delante de vuestros amigos hasta tal punto que solo os dejen ver con ellos el telediario.

La primera película que quiero comentar es *El reino de los cielos* (2005), y no es que me caiga mal Ridley Scott, que hace peliculones, pero cuando llega la hora de recrear la ambientación histórica, en vez de contratar a un asesor histórico como Dios manda, debe de contratar a un periodista o algo así, porque no están mal del todo, pero les falta un poco. A algunos igual os jodo la película; a otros igual os hago cogerle más asco; y a unos cuantos tal vez os es indiferente (qué alegría me dan estos últimos) ver una película sin plantearos: «¿Esa bandera existía en esa época?», «Pero ¿eso ya estaba inventado entonces?» o «¿Ese hombre estaba comiendo tomates antes de 1492?». En fin, vamos a ello.

La película relata las aventuras de Balián de Ibelín en los momentos previos a la tercera cruzada, pero, a diferencia de lo que cuentan en la película, Balián no era hijo ilegítimo; era hijo reconocido de su padre, que por cierto se llamaba Barisán. Tampoco vivió un idilio amoroso con Sibila de Jerusalén, y sí que participó en la batalla de Hattin. Tiberias, el noble, que junto a Balián busca la paz, se llamaba en realidad Raimundo, y deseaba la paz no por filantropía, sino porque él ya tenía tierras en Palestina y con la guerra se las podían arrebatar, mientras que los caballeros recién llegados querían la guerra para conquistar y así hacerse con tierras.

Cuando te das cuenta de que ver *El reino de los cielos* con un historiador es un grave error:

Los belicistas de la película (Reinaldo de Châtillon, que sí asaltaba caravanas, y Guido de Lusignan) no eran templarios; por lo tanto, no podían portar sus ropajes. Tras la batalla de Hattin, Balián consiguió huir y organizar la defensa de Jerusalén. Sin embargo, tras perder, no se fue a Francia, se quedó en Trípoli y luchó junto a Ricardo Corazón de León en la tercera cruzada. Así, a grandes rasgos, estos son los errores de la película; bueno, no solo, estos son los errores de argumento; luego están los errores de ambientación, que no son pocos.

Las armaduras y las espadas son de otra época; los musulmanes portan como símbolo la media luna, cosa imposible entonces, ya que no usaron este símbolo con función militar hasta el siglo XV. Los barcos que transportan a los cruzados son propios del siglo XIII, al igual que la enseña de Jerusalén, que es de ese mismo siglo, mientras que la película ocurre en torno al año 1180, es decir, en el siglo XII. Aparecen también caballeros de Livonia que intentan matar a Balián, lo cual es imposible porque esta orden militar báltica surgió cincuenta años después.

En fin, estos son algunos de los errores de una de las últimas películas sobre el mundo medieval, pero hay muchas más sobre las que podríamos hablar, como *Braveheart*, que sinceramente es para echarle de comer aparte, porque para empezar ponen a los escoceses del siglo XIII con las caras pintadas de azul como si de los pictos prerromanos se tratasen, que es verdad que ocuparon el mismo espacio geográfico, pero con varios siglos de diferencia. Es como si en una película de la Segunda Guerra Mundial ponen a los de la División Azul vestidos de celtíberos.

También se nos muestra a William Wallace como un niño pobre cubierto de barro. Wallace formaba parte de la aristocracia escocesa desde su nacimiento y ya era caballero durante la batalla del puente de Stirling; es decir, que no le convirtieron en caballero por ganar esta batalla. Una batalla que, por otro lado, en la película ni tiene puente ni río ni nada...

Otro error de la cinta es la vestimenta, porque para vestir a los escoceses hacen un batiburrillo de ropa que poco tiene que ver con la realidad, ya que para empezar a todos les ponen un kilt, a pesar de que esta prenda se empezó a utilizar en el siglo XVII; lo mismo sucede con los ingleses, que van todos de uniforme naranja butanero, algo impensable en la época, y no por el color, sino porque entonces no existían los uniformes militares.

LO QUE NO SABÍAS DE LA EDAD MEDIA

(O quizá sí.)

- Los bizantinos jamás se llamaron a sí mismos bizantinos. Desde su nacimiento en 395 d. e. c. hasta su desaparición, en 1453 d. e. c., se consideraron integrantes del Imperio romano de Oriente. Se conoce como Imperio bizantino debido a que su capital, Constantinopla, se situó sobre la ciudad de Bizancio, que fue el nombre que le dieron sus fundadores hasta que fue refundada por Constantino I el Grande como Constantinopla. Más tarde pasaría a denominarse Estambul.
- «Quien fue a Sevilla perdió su silla»: este dicho tiene su origen en 1460, cuando fue nombrado arzobispo de Santiago de Compostela un sobrino del arzobispo de Sevilla. Dado que Galicia se hallaba muy revuelta, el sobrino le pidió a su tío que apaciguara Galicia mientras él le «sustituía» en Sevilla. Una vez apaciguada Galicia, el arzobispo volvió pero su sobrino se negó a devolverle su puesto, lo cual causó tanto revuelo que tuvo que intervenir el papa. Y de ahí el verdadero dicho: «Quien se fue de Sevilla perdió su silla».
- Juan II el Bueno fue rey de Francia, pero no sabemos de dónde viene lo de «bueno», porque las guerras y el despilfarro al que sometió al país fueron la causa de una gran crisis que, entre otras cosas, acabaría dando lugar a la *Jacquerie*. En 1356 luchó contra los ingleses y fue capturado por el Príncipe Negro; se le liberó a cambio de que pagase una cuantiosa suma de dinero y de que, mientras reuniese ese dinero, sus hijos fueran rehenes de los ingleses. Sin embargo, cuando salió del cautiverio y vio que no podía pagar, volvió voluntariamente a prisión, donde acabó muriendo.
- A Guzmán el Bueno, el de la estación de metro de Madrid, Sancho IV lo llamó en 1294 para la defensa de Tarifa, que estaba siendo asediada por el infante don Juan, hermano del monarca. Ante las murallas de la ciudad se presentaron los enemigos de Guzmán con su hijo y amenazaron con matarlo si Guzmán no entregaba la ciudad, a lo que Guzmán les contestó: «Matadlo con este, si lo habéis determinado, que más quiero honra sin hijo, que hijo con mi honor manchado», y desde las murallas lanzó su propio cuchillo para que le degollasen.
- La expresión «A buenas horas, mangas verdes» tiene su origen en una especie de policía rural que fue creada en 1473 por Enrique IV de Castilla para asegurar el cumplimiento de la ley y perseguir la delincuencia en poblados y caminos. Estos grupos de gente armada, pagados por los concejos municipales, recibieron el nombre de Santa

Hermandad, y vestían un chaleco de piel hasta la cintura que dejaba al descubierto las mangas de la camisa, que era verdes; si a esto sumamos que en esta época no había ni teléfono para llamarlos, ni coches patrulla, la Santa Hermandad solía llegar tarde al lugar del crimen, dando como resultado el origen de la expresión.

- El papa Lucio II tuvo que hacer frente a una revuelta comunal que pretendía que el poder civil de Roma pasara del papa al pueblo romano. Para sofocar esta revuelta pidió ayuda a Conrado III, que pasó olímpicamente de él, por lo que el papa se decidió a tomar el Capitolio liderando sus propias tropas, hasta que alguien, no se sabe quién, le metió una pedrada en la cabeza y lo dejó seco allí mismo.
- La expresión «estar en Babia» tiene su origen en el reino de León, ya que Babia era una región donde los reyes de León acostumbraban a retirarse a descansar de sus quehaceres, pues en este lugar abundaba la caza y la tranquilidad, y la tranquilidad era lo que más se buscaba en esta época. Como los reyes también se escapaban allí para huir de las intrigas de la corte, la situación llegó a un punto en que los vasallos se empezaron a preguntar dónde estaban sus reyes durante las luchas entre nobles, a lo que ellos mismos se respondían «Están en Babia», como sinónimo de no querer saber nada o de no enterarse.
- La expresión «irse por los cerros de Úbeda» tiene su origen histórico en la expansión del reino de Castilla hacia el sur. Durante esta expansión se produjo en 1233 una batalla y la conquista de la ciudad de Úbeda por parte de Fernando III. En esta batalla uno de los nobles que debían ayudar a su conquista, Álvar Fáñez el Mozo, no acudió a guerrear y solo apareció cuando la ciudad estuvo ya tomada. El rey, enfadado, le preguntó dónde había estado, a lo que él respondió que perdido en los cerros de Úbeda. La corte entendió que era una excusa para esconder su cobardía, y se empezó a usar esta expresión cada vez que alguien intentaba escaquearse de dar explicaciones.

- La guerra de los Cien Años, entre el reino de Francia y el reino de Inglaterra, fue provocada por el deseo de control de los reyes ingleses sobre las posesiones en Francia; esta guerra involucró a muchos más reinos, como el de Castilla, y duró realmente 117 años.

EDAD MODERNA

Se conoce como Edad Moderna la etapa comprendida entre los siglos XV y XVIII. Es decir, es la época que va desde el descubrimiento de América, o la caída de Constantinopla, hasta la Revolución francesa o la Independencia de los Estados Unidos, dependiendo de a quién le preguntes, claro.

Asistimos en esta etapa al encuentro entre el Viejo y el Nuevo Mundo, al despegue de la burguesía como poderosa clase social, al establecimiento de monarquías absolutas, al nacimiento del capitalismo y al impulso que experimentan las ciencias de mano de científicos como Galileo, Copérnico, Kepler, Newton y Felipe II, que descubrió el poder de los elementos.

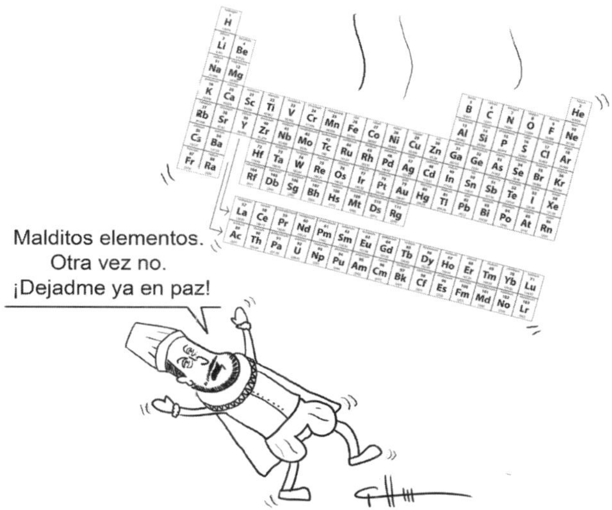

LA CONQUISTA DE AMÉRICA

Voy a hablar de un tema un poco controvertido, que seguro que me trae más insultos vía Facebook que otra cosa, pero, bueno, me apetece hablar de ello y lo voy a hacer; voy a tratar sobre la conquista del continente americano.

Según nos explicaron en el colegio, el primero en llegar a América fue Cristóbal Colón en 1492, en nombre de la Corona de Castilla y de su reina, Isabel la Católica. ¿Hasta aquí todo correcto? Pues parece ser que no, que esto está mal, porque unos dicen que los primeros en llegar fueron los vikingos, que se habrían establecido en Terranova, y otros dicen que los chinos, porque pase lo que pase y ocurra lo que ocurra siempre aparece alguien diciendo: «Los chinos ya hacían eso doscientos años antes». Sea quien sea, estas explicaciones están mal: los primeros en llegar fueron los *Homo sapiens*, que cruzaron el estrecho de Bering entre 15.000 y 14.000 años atrás; parece estúpido tener que recordarlo, pero es así. Los primeros en llegar fueron los americanos, aunque ellos no tenían ni idea de que eran americanos, porque, claro, aquí los nombres los pone el hombre blanco europeo.

Fuese quien fuese el primero en llegar, lo que resulta evidente es que el encuentro más importante entre americanos y «visitantes» fue el de Colón, lo que llamamos «el descubrimiento». Pero ¿es correcto hablar de descubrimiento? A mi juicio, sí, pues es cierto que esas gentes estaban descubiertas entre sí, pero no por Occidente. Así que podemos decir que Europa descubrió América del mismo modo que América conoció a Europa; otra historia es cómo trató la una a la otra.

El descubrimiento de América por parte de Europa es como el descubrimiento de los jerséis de punto por los hípsters: ambos se creen que son sus descubridores, y no son conscientes de que lo «descubierto» es más viejo que cagar sentado.

Cuando Castilla descubrió América, los colonizadores creyeron que habían llegado a la India, por lo que se produjo un cambio en estas tierras. Hay quien cree que fue un cambio para bien y hay quien cree que fue un cambio para mal. Y en esta discusión se dan un montón de argumentos, algunos con más verdad que otros, y que aquí os enumero:

- «España civilizó América.» En primer lugar, España no, porque España no existía en ese momento, ya que no existían todavía los estados nación; fueron Castilla y sus reyes, y no con la intención de civilizar, sino de sacar provecho de esas tierras, y para ello impusieron la civilización peninsular eliminando las que había en América, que eran muchas y muy diversas. Porque América no era un ente monolítico, sino un mosaico de culturas y civilizaciones. Podemos entender el término «sociedad civilizada» de dos formas: la primera, como una sociedad compleja, sedentaria, con leyes, sistema administrativo, estructura social compleja y con un determinado desarrollo científico y tecnológico; y la otra, como una comunidad que se comporta de manera adecuada.

Si hacemos caso a la primera definición, los incas, los mayas y los aztecas, entre otros, eran sociedades civilizadas, ya que constaban de todas estas características y en algunos ámbitos estaban más desarrollados que los conquistadores, como en los cálculos astronómicos o el sistema educativo (obligatorio para todas las clases sociales, en el imperio mexica). Si hacemos caso a la segunda, quizá no puedan ser considerados civilizados, porque no se comportaban de manera «adecuada» según los valores morales de los conquistadores: mataban gente en nombre de su dios, no como la Inquisición; invadían otras poblaciones, no como los reyes de la «reconquista»; y esclavizaban a las poblaciones vencidas o, en el mejor de los casos, les hacían vivir sometidos al poder de los vencidos, lo cual jamás de los jamases ha ocurrido en Europa. Siguiendo esta definición, los pueblos americanos no estaban civilizados, pero los invasores europeos tampoco.

- «Los conquistadores cometieron genocidio.» Esta parte es delicada y depende mucho del concepto que cada persona maneje de genocidio, pero lo que suele ser común en todas las definiciones es la coincidencia entre un hecho físico y otro mental: es decir, por un lado debe existir la intención de hacer desaparecer una comunidad y por otro, el acto físico de hacerla desaparecer. La afirmación de que los conquistadores hicieron desaparecer comunidades enteras de nativos es innegable, basta solo con ver los datos de la proporción de población indígena en los países del Caribe. Este dato queda corroborado, puesto que el porcentaje no supera en casi ningún momento el 10 %. En otros casos, la desaparición física no fue tal, ya que en países como Bolivia y Perú el porcentaje de indígenas es superior al 60 % según datos oficiales.

Tampoco parece que hubiera una intención de exterminar a estos nativos: si bien es cierto que en muchos casos no se contribuyó activamente a que vivieran, no se tomaron medidas para acabar con todos los miembros de una comunidad, a no ser que esta comunidad y los conquistadores estuviesen involucrados en un conflicto armado, como ocurrió en la batalla de Tenochtitlán.

Lo que yo creo que sí que podemos decir es que existió un genocidio cultural, porque sí que se realizó un intento de exterminar la cultura de estos pueblos, lo que finalmente se llevó a cabo; la mejor muestra de ello es que en casi ningún país se profesan las religiones precolombinas, ni se sabe con certeza cómo funcionaban ni cuál era su cosmogonía. Asimismo, solo se conservan un puñado de lenguas originarias y se han perdido casi todos los usos y costumbres previos a la llegada de los europeos.

- «Francia e Inglaterra fueron peores.» Este argumento es muy usado en redes sociales para quitarle un peso de encima a la conquista con sello «español». Lo malo de esta justificación es que lleva intrínseco el reconocimiento de maldades, las cuales se intentan tapar con las maldades que hicieron otros reinos. Si lo miramos proporcionalmente, la afirmación es cierta: de media, quedan más indígenas en las zonas colonizadas por España que en las zonas colonizadas por el resto de los países, y el trato, que en ningún caso fue bueno, resultó menos malo en la América española. Pero ¿y qué? Es como ir a un tío, arrancarle un brazo en nombre del rey de España y decirle: «Tampoco te me vayas a quejar que a aquel hombre de allí un inglés le ha arrancado los dos brazos».
- «Españoles, devuelvan el oro que sus antepasados nos robaron.» En primer lugar, oro, lo que se dice oro, España se trajo poco de América; lo que se trajo fue plata, y mucha, pero se gastó, ya no queda nada para devolver; es más, no devolvemos el dinero a Europa y se lo vamos a devolver a América... ¡Ja! En cuanto a lo de nuestros antepasados, he de decir que, como persona de origen peninsular, hasta donde me consta a mí y a la mayoría de los que somos de aquí, no tenemos ningún antepasado que se fuera a América a guerrear, robar y violar, y si lo tuviésemos, no seríamos españoles, seríamos americanos, porque no hay que olvidar que si en América los indígenas son minoría es porque hay una mayoría de criollos y mestizos; por lo tanto, hay más posibilidades de que sea esta mayoría social la descendiente de conquistadores que los nacidos en España, que si nacimos aquí es porque nuestros antepasados no se fueron por ahí. Y en el caso de los que volvieron a la metrópoli, es decir, las élites, poco tienen que ver con el pueblo llano, así que no confundamos las clases y no olvidemos que la conquista de América fue un enfrentamiento entre la élite indígena y la élite conquistadora, que en su pugna por el control de esta región llevó a la muerte a los de siempre, a los pobres, que eran quienes engrosaban los ejércitos.
- «Combatían entre ellos.» La idea de que, por ejemplo, los mexicas oprimían a pueblos como el de los tlaxcaltecas es bien conocida, y por eso se utiliza para justificar la intervención de los conquistadores. Se trata de un argumento bastante peregrino, pero muy usado, y un alegato tan válido para justificar la conquista española de América como

para justificar cualquier guerra del mundo, ya que todas las sociedades se han creado sobre la opresión a otras, y si nos ponemos así no acabamos nunca, pues vamos saltando de opresión en opresión hasta llegar a Caín y Abel.

- «La leyenda negra.» Es el mayor favor que le han hecho los ingleses a España, quizá también el único, porque crearon una leyenda negra en la que se exageraba la opresión de los peninsulares en América, y ahora cada cosa que hizo la Corona en América puede ser achacada a la leyenda negra: obligar a los incas a trabajar en condiciones pésimas en las minas, leyenda negra inglesa; torturar a Cuauhtémoc, leyenda negra inglesa; desmembrar a Túpac Amaru (el líder rebelde, no el rapero), leyenda negra inglesa; que el propio Bartolomé de las Casas dijese que lo que se estaba haciendo en las Indias estaba mal, leyenda negra. Todo lo que hizo el imperio, que estuvo *regulero*, es leyenda negra vertida por los ingleses: el imperio era bueno y amistoso; civilizaba a los indígenas que iban por ahí con la merienda al aire, y les enseñó la fe de Cristo, y todo el que diga lo contrario es un paleto víctima de la leyenda negra vertida por la pérfida Albión. Un poco de sentido crítico por Dios (el nuestro o Quetzalcóatl, el que prefiráis).

No podemos juzgar el pasado desde el presente, es verdad, porque lo vemos desde una perspectiva diferente. Hoy consideramos la conquista desde un mundo en el que existen los derechos humanos y estos se respetan «totalmente», por lo tanto, es normal que veamos con malos ojos el canibalismo de unos y las malas prácticas a las que les sometieron los otros, y en consecuencia no podemos decir si estaba bien o mal. Pero yo creo que, en el caso de la conquista de América, sí que podemos decir que estuvo mal, independientemente de que lo hagamos quinientos años más tarde, en el futuro, y lo podemos decir gracias a gente como Bartolomé de las Casas, que fue contemporáneo de la conquista y la vio con sus propios ojos, y si él, desde su época, pudo decir que aquello bien no estaba, nosotros podemos hacerlo también, porque nos demuestra que no es cuestión de concebir derechos humanos, es cuestión de saber que matar está mal, lo cual lleva juzgándose igual desde hace miles de años.

LA INQUISICIÓN ESPAÑOLA FRENTE A LA LEYENDA NEGRA

Si pensamos en la España de la Edad Moderna, la España imperial, nos vienen a la cabeza dos cosas: las miles de guerras emprendidas por los diferentes monarcas y la Inquisición; por lo menos es en lo que pienso yo.

La Inquisición española es de sobra conocida en el mundo entero, y no precisamente en términos positivos, aunque algo bueno sí que tuvo, porque si no hubiese existido jamás habríamos podido ver el magnífico *sketch* de los Monty Python de «*Nobody expects the Spanish Inquisition*», aunque la verdad es que ojalá que la Inquisición hubiese sido como en este *sketch* y se hubiese limitado a irrumpir en las casas de la gente para hacer el ridículo, pero no fue así. La Santa Inquisición, también conocida como Tribunal del Santo Oficio, fue un órgano represivo que causó a la España de su época un gran retraso y fomentó en el extranjero una visión de este país como atrasado y oscurantista. Sin embargo, el papel de la Inquisición ha sido muy exagerado.

Como no podía ser de otra manera, la Inquisición surgió en la Edad Media, pero en la Edad Moderna evolucionó y pasó de ser un tribunal eclesiástico independiente a ser un poder en manos de los reyes, y podía actuar en todos los reinos y regiones que conformaban el Imperio hispánico. Es decir, que si incumplías una ley normal en Castilla y te marchabas a vivir a Aragón te librabas, pero si judaizabas en Segovia y te ibas a vivir a Barcelona, la Inquisición te podía ir a buscar cruzando las fronteras entre Aragón y Castilla y hacértelas pasar putas allí donde te encontrasen, un poco como el FBI en Estados Unidos, vamos.

La Inquisición, aunque persiguió a mucha gente, provocó bastantes menos muertos que otros conflictos de índole religiosa como pudieron ser las guerras de religión. Sin embargo, ha pasado a la historia como el mal de los males, y esto tiene un claro porqué, y es que España, en esa época, se granjeó muchos enemigos, entre los cuales destacan las naciones protestantes, y la verdad es que la Inquisición mostró bastante ahínco en perseguir el protestantismo dentro del reino. Así pues, se lo puso en bandeja a estas naciones, que cogieron las actividades de la Inquisición y las exageraron para hacer ver al mundo lo fanáticos que eran los españoles de la época.

También es cierto que cuando el río suena, agua lleva, y la Inquisición española, a diferencia de las inquisiciones de otros reinos incluidos los protestantes, mataba numéricamente más y más rápido porque tenía un brutal aparato judicial, burocrático y policial a su servicio, además de contar con un notable apoyo político de los diferentes monarcas, quienes la institucionalizaron. Asimismo, la Inquisición española era más cuadriculada que las demás de Europa y dejó para la historia numerosa información detallada de cada uno de los juicios, que también es mala suerte que España no sea nunca cuadriculada para nada y justo llegue la hora de perseguir «disidentes» religiosos y se ponga a hacer las cosas metódicamente.

En un principio, la Inquisición española centró sus esfuerzos en perseguir judaizantes, concretamente de Sevilla, que es donde se fundó. Allí fue donde la Inquisición realizó el primer auto de fe, en el que se quemó a seis desgraciados en 1481. A los Reyes Católicos les debió saber a poco y dotaron a la Inquisición de su elemento más característico, Tomás de Torquemada, al que nombraron inquisidor general, y fue tal el ímpetu persecutorio de este individuo que nueve años después la Inquisición se había extendido a nueve ciudades más y también por Aragón. Fue durante el mandato de Torquemada y el de sus primeros sucesores, entre los que destacan el cardenal Cisneros y Adriano de Utrecht (futuro papa Adriano VI), cuando se produjo el mayor número de muertes, porque estos señores eran tan extremistas como trabajadores. Tradicionalmente se han contabilizado las muertes de este periodo que duró cincuenta años, entre 1480 y 1530, en unas 10.000 muertes en una población que rondaba entre los cinco y los seis millones de habitantes, lo que nos habla de que un 0,2 % de la gente que habitaba en la Península murió a manos de este tribunal, más otras muchas personas que simplemente las pasaron canutas en sus interrogatorios. Ahora bien, nuevos estudios bajan esta cifra de los 10.000 muertos a los 2.000; otros hablan de 5.000, aunque es cierto que como dice Homer Simpson: «La gente se inventa estadísticas con tal de demostrar algo, y esto lo sabe el 14 % de la gente».

Sea como fuere, e independientemente de los números y de que estos sean producto de la propaganda enemiga de la Monarquía Hispánica, hay que decir que siendo fieles a la verdad no todo el mundo era quemado, y los que sí lo eran no siempre eran quemados vivos, y es que cuando uno entraba en las celdas de la Inquisición le podían pasar varias cosas: la primera era ser absuelto; la segunda, quedar libre pero bajo sospecha, con vigilancia y la posibilidad de volver a ser juzgado en cualquier momento; la tercera era la de ser penitenciado, es decir, que salía culpable y le ponían una pena leve después de que reconociese su culpa. Esta pena leve era el castigo físico, que le colgasen un sambenito, el destierro, la multa o que le mandaran a galeras (esto, recordemos, era lo leve). Otra de las opciones al ser encontrado culpable era la de ser «reconciliado», es decir, volver a declarar el amor por la fe de Cristo en un auto de fe, de ahí el nombre, y después sufrir un castigo físico, la confiscación de los bienes, el envío a galeras y la prohibición de ocupar «cargos públicos»; esto último se extendía a hijos y nietos, los cuales se podían librar pagando. El máximo castigo era el más conocido: el fuego, también llamado «la relajación», en la que si el reo se arrepentía de lo que se supone que había hecho, antes de quemarle le daban garrote; en cambio, si no se arrepentía era quemado vivo. Había veces incluso que al reo se le quemaba en efigie porque había muerto antes en la cárcel, por lo que fuese, en un interrogatorio o algo, porque se había fugado, o porque el juicio se había realizado sin el acusado presente, es decir, que juzgaban a alguien que no tenían ni preso.

Las diferentes penas se fueron suavizando con los años. En los primeros compases de la Inquisición, por ejemplo, en Valencia en 1530 se condenó a muerte al 40 % de los procesados, porcentaje que fue bajando con el tiempo hasta situarse en un 3 %. Estas cifras fueron reduciéndose hasta el punto de que durante los reinados de Carlos III y Carlos IV solo cuatro personas fueron chamuscadas. En 1680, se condenó al fuego a sesenta y una, de las cuales solo se quemó a veintisiete, porque el resto fueron quemadas en efigie, es decir, que quemaron una figura que representaba a los reos.

La causa de toda esta exageración sobre el papel de la Inquisición nace de los enemigos de España en Europa, los cuales se regodearon cuando se persiguió a judíos y musulmanes, y cuando los expulsaron felicitaron a los Reyes Católicos, pero, claro, una cosa era expulsar moros y otra a cristianos protestantes, que tenían a reinos enteros respaldándolos. Aunque el número de protestantes perseguidos por la Inquisición, que no ejecutados, fue de 2.700 personas, porque, como es evidente, en España protestantes había pocos.

Y es que, si atendemos a las cifras dadas por Joseph Pérez, la Inquisición realizó 125.000 procesos en sus 350 años de vida, de los cuales el 27 % fueron por blasfemias; el 24 %, por ser musulmán en secreto; el 23 %, por practicar la sodomía; el 10 %, por ser falsos conversos; el 8 %, por ser luteranos y otro 8 % por brujería. Así que, al contrario de lo que se cree, hubo más gente juzgada por cagarse en Dios, creer en Alá o meter el pene en un culo que porque su dios fuera Jehová, por bailar desnudo de noche junto a una hoguera invocando a Satanás o por ser protestante.

Así que la idea de la Inquisición española como transformadora brutal de brujas en ninots está bastante alejada de la realidad y es más propia de la Inquisición alemana, que se cobró la vida de más de 25.000 brujas.

LA VIDA EN LA CORTE

A los grandes monarcas siempre les ha gustado destacar por sus riquezas, por su poder, por la belleza de sus palacios y, a veces, por ser grotescos, y no me refiero a la cara de los Austrias menores, sino a las compañías de las que se rodeaban estos reyes. Y esto se puede ver sobre todo en los cuadros de Velázquez o Ribera, pero ¿a quién nos referimos? ¿A los condes, a los duques y a los embajadores extranjeros? No, aunque estos también eran para verlos; nos referimos a los bufones, a las mujeres barbudas, a los enanos y a las demás personas que los reyes tenían a su lado para darle vidilla a la corte aportando lo que a ellos les parecía un ambiente más cómico, pero lo que en realidad aportaban era belleza, ya que al lado de una persona con deformidades parecía guapo hasta Carlos II... bueno, Carlos II no, pero su padre igual sí.

Esta política de parecer guapo poniéndose al lado de alguien más feo alcanzó su cenit en la Edad Moderna, y los monarcas de uno y otro reino se comenzaron a rodear de las personas más extrañas que pudieron encontrar a lo largo y ancho del mundo en expansión en el que vivían. Y se dieron cuenta de que, además de adornar sus palacios y hacer más pintoresca la corte, esta gente tenía otra utilidad, la de servir como obsequio entre mandatarios.

Así que, en esta época, si eras rey, igual te regalaban una jirafa o un rinoceronte blanco o una mujer barbuda; lo normal, vamos.

Estas gentes, que por lo general gozaban de un alto nivel de vida, se convirtieron en juguetes de las diferentes familias reales y nobles, que empezaron a competir entre ellas para ver quién tenía a la persona más extraña a su cargo. Los grupos que más destacaron, basándonos en los retratos de los grandes pintores, eran los enanos y las mujeres barbudas: los primeros destacaron en la corte de los Austrias, donde se contaron por docenas, y además de ser usados por los reyes como payasos o bufones, servían también como espías o como alcahuetas. Respecto a las mujeres barbudas, hubo varias en diversas cortes, pero hay una que nos gustaría mencionar: Antonietta Gonzales.

Esta muchacha de origen canario, cuyo padre probablemente fue uno de los últimos guanches que quedaron con vida tras la conquista castellana de la isla, no era realmente una mujer barbuda al uso, porque no era una mujer con barba; era una chica cuyo cuerpo estaba cubierto de pelo en su totalidad, incluyendo la cara, es decir, que se parecía más a Chewbacca que a la princesa Leia. Esta muchacha, como su padre y parte de sus hermanos, padecía el síndrome de Ambras, y esto provocó, además de que les saliese pelo por todo el cuerpo, que fuesen conocidos por media Europa, y es que los Gonzales pasaron de Canarias a la corte francesa, y de allí a Bolonia, tras alcanzar fama por su retratos, y por el boca a boca comenzaron una especie de gira europea que arrancó en Parma, en la corte de los Farnesio, donde algunos de los miembros de la familia fueron regalados como si de una camiseta de recuerdo se tratase: «Alguien que me quiere me ha traído a este se-

ñor peludo de Parma». Así es como Antonietta llegó a Soragna, y a su hermano, que padecía el mismo síndrome, le llevaron a Roma.

Tanto enanos como mujeres barbudas alcanzaron gran fama, y a muchos el rey o los nobles a los que servían les otorgaron manutención y carruajes, y a algunos se los incluyó en la herencia, ya que a fuerza de pasar tiempo con ellos se establecieron ciertos lazos de amistad o cariño, aunque no excesivo, pues se les siguió utilizando como *souvenirs*, regalos o como entretenimiento.

Muchos de ellos, como Antonietta, fueron representados en obras de arte; así, podemos descubrir en el cuadro de *Las meninas* a María Bárbola, que es la mujer enana que aparece a la derecha, y es que Velázquez, muy amigo de pintar a este tipo de gente, la eligió a ella entre los cuarenta enanos que vivían en el Alcázar para que apareciese en esta obra. Velázquez realizó numerosos retratos de todas estas personas de las que los reyes se hacían rodear, entre los que destacan los retratos del niño de Vallecas, el de Sebastián Mora, el de Juan Calabazas o el de don Diego de Acedo, quien llegó a ser, a pesar de su condición, asistente del secretario de cámara, lo cual nos hace ver que, al menos en la corte de los Austrias, esta gente no solo se dedicaba a hacer monerías, sino que también realizaban trabajos que atentaban menos contra su integridad moral.

CARLOS II

Segundas partes nunca fueron buenas: lo aprendimos con la segunda trilogía de *Star Wars* y lo confirmamos con *Instinto básico 2*. Con los reyes de las Españas no iba a ser diferente. Primero tuvimos a Carlos I de España y V de Alemania, un tipo que a ojos del embajador veneciano Gaspar Contarini era un hombre «... de cuerpo bien proporcionado, bellísima pierna, buen brazo...»; también reconoce que la mandíbula inferior del emperador «... es tan ancha y tan larga, que no parece natural de aquel cuerpo...». Es decir, que si nos fiamos de la palabra de un veneciano y de los cuadros de Tiziano podemos deducir que Carlos I de España y V de Alemania era un tipo fornido, con buen porte, bastante guapetón, pero con una mandíbula inferior que más que una mandíbula parecía una cornisa, aunque en general podemos decir que la imagen que transmitía era buena.

Por otro lado, tenemos a Carlos II, que también era rey, también era Habsburgo y también tenía el mentón para fuera, pero se parecía a su antepasado como un huevo a una castaña. El segundo de los Carlos, conocido como el Hechizado, nació un domingo 6 de noviembre de 1661 y, según se anunció en la *Gaceta de Madrid*, era «un robusto varón, de hermosísimas facciones, cabeza proporcionada, pelo negro y algo abultado de carnes». Sin embargo, el embajador de Francia en España escribió a su rey, Luis XIV, una misiva en la que afirmaba: «El príncipe parece bastante débil; muestra signos de degeneración; tiene flemones en las mejillas, la cabeza llena de costras y el cuello le supura (...) asusta de feo».

Pero ¿a qué se debía esta fealdad que tanto asustaba? Podríamos especular que dicho embajador, como buen francés, se asustaba de cualquier cosa, pero no era el caso.

Los Habsburgo desarrollaron una política de matrimonios endogámicos, es decir, entre familiares, con el fin político de establecer una serie de alianzas que les permitiesen mantener y aumentar su poder. Esta serie de matrimonios tuvieron como consecuencia el deterioro de la salud y de la fertilidad de los miembros de la familia, lo que tuvo como máxima expresión a Carlos II.

Pero no fue Carlos II el único afectado por la práctica de la endogamia. Carlos de Austria, hijo de Felipe II, también salió un poco averiado por culpa de estas políticas de arrejuntamiento entre familiares.

Como podemos ver, esta política de alianzas fue un acierto a corto plazo, pero un error total a largo plazo, a no ser que todo obedeciese a un plan maligno para crear un nuevo modelo de ser humano cuyo prototipo fuese Carlos II, algo de lo que dudamos firmemente.

Sabemos que Carlos II padecía el síndrome de Klinefelter, que era una enfermedad genética que le hacía tener un cromosoma X de más, lo cual puede producir infertilidad, una cantidad inadecuada de testosterona, disfunción testicular, escoliosis, diabetes, retraso mental y un larguísimo etcétera. Es decir, Carlos tenía un compendio de enfermedades que podríamos resumir en un «¡Ay, señor, llévame pronto!».

Pese a todos estos problemas, Carlos II hizo lo imposible por vivir, y fue alimentado por catorce amas de cría hasta los cuatro años, y no siguieron dándole el pecho porque se consideraba que un rey, con más de cuatro años, no debía estar amorrado a una teta, pues era indecoroso. Hasta los seis años no pudo andar debido a un fuerte raquitismo por la falta de vitamina D agravada por la falta de luz solar, ya que no dejaron que Carlos II saliese de palacio por miedo a que le diesen enfriamientos o por miedo de que espantara a los vasallos, no está claro. Debió de ser lo primero, ya que el joven Carlos padeció infecciones respiratorias de repetición, sarampión, varicela, rubeola y viruela, todo acompañado por episodios de epilepsia hasta los quince años; es decir, que el pobre Carlos estaba hecho un cromo. A todo esto hay que sumar un retraso intelectual que le impidió leer hasta los diez años e hizo que no fuese capaz de escribir decentemente en toda su vida. Además de todas estas taras, el pobre Carlos se volvió adicto a una sustancia traída de América, que no era otra que el chocolate, lo cual no ayudaba a los trastornos gastrointestinales del monarca y empeoró gravemente su salud. Según el embajador del papa en Madrid:

> … su cuerpo es tan débil como su mente. De vez en cuando da señales de inteligencia, de memoria y de cierta vivacidad, pero no ahora; por lo común tiene un aspecto lento e indiferente, torpe e indolente, pareciendo estupefacto. Se puede hacer con él lo que se desee, pues carece de voluntad propia.

A los veintiocho años el rey ya parecía un anciano, por lo cual, años después, el doctor Gregorio Marañón pensaba que podría haber padecido también progeria. Cuando murió su primera mujer, María Luisa, Carlos fue casado con Mariana de Neoburgo, con la que tampoco pudo concebir descendencia, por lo que el propio rey empezó a sospechar que alguien con muy mala intención le había hechizado para que no pudiese engendrar. Esta teoría encontró partidarios entre las élites eclesiásticas, como es el caso del inquisidor general, el cardenal Rocaberti, quien defendió que el rey había sido hechizado con un brebaje que le habían dado en una taza de chocolate, en la que habían disuelto: «sesos de un ajusticiado para quitarle el gobierno; entrañas para quitarle la salud y riñones para corromperle el semen e impedir la generación».

Este hechizo se intentó contrarrestar mediante complejas técnicas científicas de la época para quitar hechizos, es decir, con exorcismos. Estos consistieron en colocarle encima entrañas calientes de corderos para mejorar el

funcionamiento de sus intestinos y pichones recién muertos sobre la cabeza para luchar contra la epilepsia. Según fue pasando el tiempo, la salud de Carlos II se fue deteriorando hasta el punto de que el embajador francés, el marqués de Harcourt, le escribió a Luis XIV de Francia, abuelo del futuro rey de España: «Es tan grande su debilidad que no puede permanecer más de una o dos horas fuera de la cama (…), cuando sube o baja de la carroza siempre hay que ayudarle».

Tres semanas después de esta misiva, el 1 de noviembre del año 1700, Carlos II murió, y su autopsia desveló que: «No tenía el cadáver ni una gota de sangre; el corazón apareció del tamaño de un grano de pimienta; los pulmones, corroídos; los intestinos, putrefactos y gangrenados; un solo testículo, negro como el carbón, y la cabeza llena de agua».

Así acabó la vida del monarca español que demostró que aquella frase de «Dios aprieta, pero no ahoga» es completamente falsa, ya que este compendio de enfermedades con patas que sus súbditos conocían como Carlos II, rey de España, Nápoles, Sicilia y Cerdeña, duque de Milán, soberano de los Países Bajos y conde de Borgoña, padeció innumerables enfermedades, a las que solo le faltó añadir alergia a sus propias lágrimas.

CARLOS III: EL *LATIN LOVER*

Carlos III de España, VII de Nápoles, I de Parma y V de Sicilia fue hijo de Felipe V y era conocido como «el mejor alcalde de Madrid». Antes de ser rey de España, sus padres le enviaron a gobernar Nápoles y Sicilia, ya que al ser uno de los hijos menores de Felipe V no le correspondía el trono de España. Sin embargo, sus dos medio hermanos,

Luis I y Fernando VI, murieron y le dejaron el camino libre a Carlos, que como rey de Nápoles y Sicilia había adquirido gran experiencia gobernando.

Y fue allí, en Nápoles, donde un joven Carlos de veintidós años se casó con María Amalia de Sajonia, hija del rey de Polonia, y un mes después de casarse, Carlos les envió a sus padres la misiva que recogemos a continuación, donde relata su noche de bodas con todo lujo de detalles, que ya me diréis si vosotros enviaríais algo así a vuestros padres por wasap. Procedemos a comentarla:

> Mi muy querido padre y mi muy querida madre, me alegraré de que VV. MM. sigan bien, yo y mi mujer estamos perfectamente, gracias a Dios. He recibido una carta de VV. MM. del 15 del mes pasado, por la que he visto como gracias a Dios VV. MM. habían recibido dos de mis cartas.

Hasta aquí todo bien: el muchacho saluda a sus padres y se alegra de que estén bien, lo cual es relativo, porque Felipe V estaba un poco averiado de la cabeza; bueno, un poco no, bastante, pues se llegó a creer que era una rana, que el sol lo perseguía cuando salía a cabalgar y que no tenía extremidades.

> Suponían que cuando recibiera esta carta ya estaría alegre mi corazón y habría consumado el matrimonio; que no me extrañara de que VV. MM. me hablaran así, que a veces las jovencitas no son tan fáciles y que yo tendría que ahorrar mis fuerzas con estos calores, que no lo hiciera tanto como me apeteciera porque podría arruinar mi salud y me contentara con una vez o dos entre la noche y el día, que si no acabaría derrengado y no valdría para nada, ni para mí ni para ella, que más vale servir las señoras poco y de continuo que hacer mucho una vez y dejarlas por un tiempo.
>
> Acerca de lo que remitiera sobre la medida de su altura, diré a VV. MM. que según el retrato que tengo yo de mi hermana no se parecen nada y sin menoscabar a mi hermana ella es mucho más guapa y mucho más blanca. Diré que dispara muy bien y que toma mucho placer de la caza.
>
> VV. MM. me escribían como padres y como personas mayores y como se habla entre casados cuando hay confianza y que les contara si todo transcurrió bien, si estoy contento y si la encuentro a mi gusto tanto en el cuerpo como en el espíritu y el carácter. Para obedecer a las órdenes de VV. MM contaré aquí cómo transcurrió todo.

Una vez hecho el saludo, Carlos se pone manos a la obra y les agradece a sus padres el consejo de que no le diese al wiki-wiki muy de continuo, que con los calores de Nápoles no fuera a ser que le diese una pájara. Vemos también que el rey se muestra conforme con hacerlo «solo» dos veces al día, y de que su mujer sea guapa y le guste la caza, así que Carlos III debió de ser un Borbón feliz, porque se le juntaron los dos mayores placeres para alguien de su estirpe: la caza y el sexo.

> El día en que me reuní con ella en Portella, hablamos amorosamente, hasta que llegamos a Fondi. Allí cenamos y luego proseguimos nuestro viaje sosteniendo la misma conversación hasta que llegamos a Gaeta algo tarde. Entre el tiempo que necesitó para desnudarse y despeinarse llegó la hora de la cena y no pude hacer nada, a pesar de que tenía muchas ganas.

Y aquí empieza la información que ningún padre querría saber. En primer lugar, nos queda claro que la muchacha tenía conversación como para cubrir el trayecto de Portella a Gaeta, que son como veinticinco kilómetros hechos en carruaje por caminos del siglo XIII; también nos queda claro que las mujeres llevaban unos vestidos que se tardaba más en poner y quitar que en confeccionarse y que a Carlos le habría hecho falta una bebida isotónica, porque de energías no iba sobrado.

> Nos acostamos a las nueve y temblábamos los dos pero empezamos a besarnos y enseguida estuve listo y empecé y al cabo de un cuarto de hora la rompí, y en esta ocasión no pudimos derramar ninguno de los dos; solo diré que acerca de lo que me decían de que como ella era joven y delicada no dudaban de que me haría sudar, diré que la primera vez me corría el sudor como una fuente pero que desde entonces ya no he sudado.
>
> Más tarde, a las tres de la mañana, volví a empezar y derramamos los dos al mismo tiempo y desde entonces hemos seguido así, dos veces por noche, excepto aquella noche en que debíamos venir aquí, que como tuvimos que levantarnos a las cuatro de la mañana solo pude hacerlo una vez y les aseguro que hubiese podido hacerlo muchas más veces pero que me aguanto por las razones que VV. MM. me dieron.
>
> Diré también que siempre derramamos al mismo tiempo porque el uno espera al otro y también que es la chica más guapa del mundo y que tiene el espíritu de un ángel y el mejor talante y que soy el hombre más feliz del mundo teniendo a esta mujer que tiene que ser mi compañera el resto de mi vida.

Parece ser que sí que se tomó una bebida isotónica o algo, porque aquí cuenta cómo le entró el picorcito cuando se empezaron a besar, y en menos de un cuarto de hora él estaba dentro de ella, pero al ser su primerito día, él no llegó a soltar el veneno y ella tampoco acabó. Carlos, que no debía de estar acostumbrado al ejercicio físico, dice que sudó la gota gorda, así que suponemos que se tomaría otra bebida isotónica, porque cuenta que tiempo después, en mitad de la noche, lo volvieron a intentar, con erótico resultado. Que también te digo, Carlos, que son las tres de la mañana, duérmete y deja de molestar a la muchacha, que tendrá sueño y estará cansada de darte palique todo el viaje. Encima, el tío dice que le supo a poco, que podría haber aguantado más pero que no lo hizo por las recomendaciones recibidas, no fuera que le pasase algo. No sé, Rick, parece falso. Igual alguien estaba reventado, pero es un poco flipado. En cuanto a lo de que siempre acababan a la vez, solo me limitaré a decir que o es una mentira como la catedral de Burgos o María Amalia era una actriz de primera.

VV. MM. me decían que aguardaban con impaciencia averiguar si pueden tener nietos pero que tenían miedo de que no sea enseguida, ya que ella no tiene todavía el periodo. Diré a VV. MM. que todavía no lo tiene, pero que según todas las apariencias, no tardará en tenerlo porque empezó hace ya cuatro noches a dejar algunas manchas de esa materia que dicen que precede a lo de tener el periodo; lo cual espero en Dios, en la Virgen y en San Antonio.

Mi mujer me ruega que la ponga con la mayor sumisión a los pies de VV. MM.

Señora, ruego a V. M. que abrace de mi parte a todos mis hermanos y hermanas. Nápoles, a 8 de julio. El más humilde y más obediente de los hijos.

CARLOS

Finalmente, Carlos explica la parte más desagradable, y no porque hable de la menstruación, sino porque menciona que mantiene relaciones con una persona que ni siquiera la tiene aún; recordemos que esto pasa cuando Amalia tiene catorce años. Además, se muestra la verdadera razón de la carta: aclararles a sus padres si su mujer le va a poder dar descendencia o no, que era lo importante de una mujer en esta época, que tuviese churumbeles. Y vaya que si se los dio: en veintidós años de matrimonio, María Amalia de Sajonia concibió trece criaturas, de las cuales solo siete hicieron por vivir. Por su parte, María Amalia la palmó a los dos años de llegar a España, a lo que Carlos III comentó: «En veintidós años de matrimonio, este es el primer disgusto serio que me da Amalia».

EL CINE Y LA EDAD MODERNA

Hay dos tipos de películas y series predominantes en lo que se refiere al cine ambientado en la Edad Moderna: unas son las de espadachines y otras las de descubrimientos.

En el primer grupo están las doscientas mil versiones que se han ido haciendo de los tres mosqueteros, entre todas estas podemos encontrar a los mosqueteros de jóvenes, de viejos, con hijos, volando en dirigibles (como en la versión de 2011 de dibujos, con D'Artagnan a la cabeza). Las hay protagonizadas por Gene Kelly en su versión de 1949; por Gérard Depardieu, como la de 1998; por Charlie Sheen, como la de 1993, o incluso por Cantinflas, en 1942. La versión española de esto es el capitán Alatriste, que solo tiene una película hecha en 2006 y una serie de 2015, pero con esto le sobra a Alatriste, porque al estar basado en un libro de Pérez Reverte puede decir, con la cabeza bien alta, que tendrá menos películas, pero tiene más virilidad. Y si tienes algún problema, se lo cuentas a Reverte por el Twitter, aunque te arriesgas a que te bloquee o a que te rete a un duelo.

Lo más destacable de la película de Alatriste, además de la voz de carajillero de Viggo Mortensen, es la batalla final, en la que participaron como cinco mil españoles y más del doble de franceses, en Rocroi. La escena empieza bien, con planos cortos que muestran a los integrantes del tercio, pero ¡ay!, de repente el plano se abre y se ve, en vez de a cinco mil españoles, a setenta tíos en medio de lo que se supone que es el verde norte de Francia, que pasa a ser el secarral amarillo manchego de Uclés; en fin, es lo que hay.

Del cine de descubrimientos habría que destacar *1492: la conquista del paraíso* (1992), de Ridley Scott, y *Apocalypto* (2006), de Mel Gibson, y no es porque les tenga manía a estos directores; bueno, a Mel Gibson un poco sí, pero supongo que será por lo de que es una persona horrible. Pues eso, que no es por asco, es porque hacen superproducciones y la cagan, y las veo y no lo puedo evitar.

En cuanto a la primera, esta película surgió para celebrar el Quinto Centenario del Descubrimiento y para ello se gastaron ingentes cantidades de dinero en una coproducción anglo-española, lo que no podía salir bien, pues se unían dos visiones históricas de la conquista: la española, en la que los conquistadores fueron poco menos que hermanitas de la caridad, y la inglesa, en la que los conquistadores españoles fueron poco menos que ogros. Al ser el director inglés, ya podemos intuir quién arrimó el ascua a su sartén. A pesar de ello, se muestra a Colón como protector de los indígenas, cuando al descubridor estas gentes le eran como mínimo indiferentes. También se cuenta en la película cómo Colón y su hijo descubrieron el océano Pacífico once años antes de cuando pasó realmente. Esta película está bastante difamada por uno y otro lado, porque hay quien la acusa de beber de la leyenda negra y hay quien la acusa de ser demasiado blanda con los conquistadores, así que lo mejor sería que la vieseis y opinaseis.

En cuanto a *Apocalypto*, la película parece estar ambientada en el periodo clásico (250-900 d. e. c.). En esta época no existían sociedades de cazadores como la que aparece en la película, puesto que se trataba de una sociedad agrícola. Además, este supuesto poblado no estaría construido en medio de la selva, y las casas no estarían tan solo hechas de madera, tendrían unos cimientos de piedra y se situarían en torno a grandes explanadas, donde se desarrollaría la vida, y contarían con espacios dedicados al cultivo y a la crianza de animales. Asimismo, las mujeres mayas, en la época en la que se sitúa la cinta, no iban medio en pelotas, sino bastante más tapaditas.

Cuando ves *Apocalypto* con un historiador:

Respecto a la razia contra el poblado en la que los miembros de la metrópoli se llevan a los protagonistas para sacrificarlos a ellos y venderlas como esclavas a ellas, es totalmente mentira, porque solo se cogían cautivos tras las batallas, no así, un día cualquiera. Cuando a los cautivos los llevan a la ciudad y estos se sorprenden del tamaño de esta y de las construcciones, también es poco verosímil, ya que había una importante conexión entre la comunidad y todos sabían dónde se situaban las ciudades cercanas, que eran el centro de la vida política. Esta ciudad, además, es representada mezclando arquitectura de las tierras bajas del norte y del sur de la península de Yucatán, así que otra cagada más, señor Gibson.

El sacrificio al que someten a los compañeros del protagonista es propio de la civilización mexica, no de la maya; además, no se conocen sacrificios múltiples a la escala de los que muestra la película en el mundo maya, donde eran más corrientes los autosacrificios, como atravesarse el pene, en el caso de los hombres obviamente, y pasarse cuerdas por la lengua.

La película finaliza con la llegada de los castellanos, lo cual no sucedió en el periodo clásico, sino muchos años después, cuatrocientos, en concreto; es la misma diferencia de años que existe entre la época en la que teóricamente se desarrolla la historia y la arquitectura que se ve en la película.

LO QUE NO SABÍAS DE LA EDAD MODERNA

(O quizá sí.)

- Carlos I de España y V de Alemania, tras una vida llena de guerras y conflictos, y consciente de la necesidad de un relevo generacional, abdicó en su hijo Felipe II y se retiró al monasterio de Yuste. A pesar de que se supone que murió de gota, realmente falleció de malaria. Al emperador más poderoso del mundo le acabó venciendo un mosquito.
- La expresión «acabar como el rosario de la aurora» tiene su origen en lo ocurrido en el gaditano pueblo de Espera. Allí estaba la cofradía del Rosario de la Aurora, cuyos miembros salían en procesión de madrugada, en la aurora, sobre las cinco. A esas horas, en la calle solo estaban estos cofrades y los camorristas, y un buen día ambos grupos se encontraron y empezaron con el «Que me dejes pasar» y el «No, déjame pasar tú a mí» y se organizó una batalla campal en la que la victoria llegó gracias a los farolazos que propinaron los cofrades.
- Maximiliano I, archiduque de Austria, rey de Romanos y emperador del Sacro Imperio Romano Germánico, tuvo una muerte que estuvo muy lejos de la dignidad que le conferían sus títulos, ya que este hombre, abuelo de

Carlos V, era un fanático de comer fruta, hasta tal punto que un día se lio a comer melones hasta que le dio una indigestión y se murió. Y lo más curioso no es esto, sino que le enterraron en su propio ataúd, y diréis «Pues como a todo el mundo», pero no; este señor había visto tiempo atrás un ataúd que le gustó y, consciente de que su cuerpo iba pidiendo tierra, decidió llevarlo consigo hasta el día de su muerte.

- Tras la muerte de Isabel la Católica, Fernando se volvió a casar con la joven Germana de Foix, él con cincuenta y tres y ella con dieciocho años. Ambos tuvieron un hijo que murió a las pocas horas y que si hubiese sobrevivido a su padre habría heredado el reino de Aragón. Fernando se obsesionó con tener un heredero, y para poder estar listo para la concepción del muchacho recurrió a un producto conocido como «mosca española» o cantárida, que en esa época se utilizaba como un afrodisiaco. Y utilizó este remedio tan de continuo que le acabó causando la muerte por una hemorragia cerebral.
- La expresión «irse de picos pardos» significa salir de fiesta buscando la compañía de mujeres, y tiene su origen en que Carlos III obligó a las prostitutas, para ser identificadas, a que vistiesen una falda de picos de color marrón o pardo, y de ahí surgió que aquel que salía en busca de la compañía de prostitutas se fuese de picos pardos.
- El belén como motivo decorativo y como tradición navideña fue introducido en España por María Amalia de Sajonia, mujer de Carlos III, que trajo esta costumbre del reino de Nápoles, donde reinó junto con su marido hasta que este, tras la muerte de su hermano Fernando VI, se tuvo que hacer cargo de la corona española.
- Las zanahorias no siempre fueron naranjas, es más, era un producto que se había introducido en Europa de manos de los comerciantes árabes. Y es que antes las zanahorias eran moradas por fuera y amarillas por dentro, pero en el siglo XVI Holanda se convirtió en el principal exportador y productor de zanahorias del mundo, y se decidió, mediante cruces y experimentos con otras especies, alterar esta hortaliza para darle su actual color naranja, como homenaje a la casa real holandesa de Orange.

EDAD CONTEMPORÁNEA

Se entiende por Edad Contemporánea el periodo que abarca desde la Revolución francesa o la Independencia de Estados Unidos hasta ahora, hasta este justo momento en que estás leyendo esto.

La Edad Contemporánea es la época de la Revolución industrial, de los nacionalismos, de las revoluciones, de las independencias y la descolonización. Es la época de las dos guerras mundiales, porque, claro, los alemanes no tuvieron bastante con perder una, que tuvieron que perder dos, aunque puestos a hablar de perder, podemos mencionar a los carlistas, que hicieron tres y las perdieron las tres, y luego se metieron en la Guerra Civil y la ganaron, pero como si no.

CUATRO COSAS QUE JAMÁS VERÁS

LA REVOLUCIÓN FRANCESA

En un reino muy muy lejano una vez vivió un rey; este rey se llamaba Luis XVI y este reino lleno de fantasía, de luz y de color se llamaba Francia. Y durante los años ochenta del siglo XVIII este reino tuvo muchos problemas, y el principal de todos era que el rey era un botarate y un poco manirroto, lo cual situó a Francia en un periodo de crisis económica, causada principalmente por las guerras contra Inglaterra y los gastos de la corona; porque, claro, fabricar balas para los cañones y dar de comer a tropecientos mil caballos y señores del ejército no era barato, y lo mismo pasaba con la vida del rey en la corte. ¿Tú sabes lo que es comer más de tres veces al día y forrar las paredes de un palacio con pan de oro y espejitos? Bueno, tú qué vas a saber, si seguro que eres historiador y no puedes comer tres veces al día hasta que no vas de vacaciones a casa de tus padres. Pobre, que eres pobre.

Bueno, a lo que vamos: el rey pensó, sí, pensó y se planteó un dilema: «A ver, si gasto más de lo que ingreso, ¿qué tengo que hacer? ¿Dejar de gastar? No, aumentar los ingresos, y por lo tanto aumentar los tributos». Y como al pueblo llano ya lo tenían bastante asfixiado con impuestos por allí, impuestos por allá, que lo único que hacían era incrementar el precio de productos básicos como el pan, la sal o la carne, el rey pensó: «A estos no les puedo sacar más dinero, que si sigo exprimiéndolos se me van a morir de hambre y a ver a quién mando yo a la guerra». Así que el rey le pidió dinero a la nobleza y a la Iglesia, pobre iluso.

La nobleza y la Iglesia le mandaron a freír espárragos y le hicieron convocar a los Estados Generales, una asamblea en la que se reunían los tres estamentos: Iglesia, nobleza y pueblo llano. El pueblo llano, es decir, el tercer estado, al ver que el rey los llamaba se vino arriba y exigió que en dicha asamblea tuviese un voto cada representante, independientemente del estado al que perteneciese, lo cual a la nobleza y al clero les pareció bastante mal, porque, a ver, una cosa es montar la reunión de los tres estamentos para jorobar a Luis XVI y otra cosa es que un pellejero de París tenga los mismos derechos que el marqués de Montbleu, que no sé si existe este marquesado, pero, bueno, para el ejemplo nos vale.

Y como no les pareció bien les dijeron a los integrantes del tercer estado que no, que se votaba como siempre. Como pasaron del tercer estado, este decidió pasar de ellos y se reunió a solas en un juego de pelota (suponemos que esperaron a que el partido acabase). En esta asamblea completamente revolucionaria e innovadora, la gente se declaró fuente legítima de poder y soberanía, ahí es nada. El rey y la nobleza se quedaron a cuadros y comenzaron a reunir a las tropas en el palacio de Versalles para ir a aplastar a esos hippies que se habían juntado para arrebatarles el poder. El pueblo de París, a su vez, vio con malos ojos que el rey mandase a las tropas a aplastar a la Asamblea y se unió a ella para que no la disolvieran.

Así que una marabunta de gente (burgueses, comerciantes, artesanos, miembros del ejército y un sinfín de profesionales de todo tipo) se lanzó al asalto de la Bastilla, una prisión real que era símbolo del absolutismo; también tomaron el ayuntamiento y crearon una milicia de voluntarios para defender esta revolución en contra del rey.

Luis XVI se asustó bastante y cedió ante esta Asamblea Nacional llevando a cabo una serie de medidas reclamadas entre 1789 y 1791. Entre estas medidas cabe destacar la abolición de los derechos feudales, la igualdad de todos los hombres ante la ley y los impuestos, la creación de una Declaración de los Derechos del Hombre y del Ciudadano.

Finalmente se aprobó una constitución en 1791 en la cual se establecía el fin de la monarquía absoluta y la división de poderes. A estas alturas, Luis XVI ya debía de estar pensando: «Madre mía, qué cagada».

Eso sí, en esta constitución las mujeres ni estaban ni se las esperaba, porque una cosa es que un tundidor sea igual que un conde, y otra muy distinta es que la mujer de ambos sea igual a ellos, pues aunque fueran revolucionarios no hay que exagerar.

Se establecieron medidas económicas de carácter liberal y una serie de reformas administrativas y judiciales, y ya de paso se privó a la Iglesia de parte de sus privilegios. Con ello, el antiguo régimen había desaparecido. Pero, además, en 1792 el gobierno revolucionario se vino arriba y declaró la guerra a las monarquías europeas, lo cual radicalizó la revolución. Mediante este giro político protagonizado por los girondinos, se comenzó a considerar como traidores a todos los contrarrevolucionarios. Al final, resultó que esta serie de guerras contra los reinos absolutistas fueron un fracaso absoluto y el pueblo se volvió en contra del gobierno girondino en una revuelta dirigida por los jacobinos.

Así, se implantó la república y se convocó una nueva asamblea legislativa: la Convención, que sería elegida por sufragio masculino, ya que las mujeres siguieron importando un *cagao*.

Esta Convención, en la que tuvo un papel central el célebre Robespierre, aprobó una nueva constitución en 1793, en la que se establecía el sufragio masculino como base de la república. Se abolía la esclavitud y se recogía el derecho al trabajo y a la asistencia. Con el fin de combatir a los traidores, la Convención adoptó medidas excepcionales para perseguir la indisciplina social; para ello se crearon dos instituciones: el Comité de Salvación Pública y el Tribunal Revolucionario. Ambas instituciones fueron responsables de una importante represión, lo que dio bastante trabajo al boyante gremio de los afiladores de guillotinas, y fue tanta la tarea que tuvieron que a esta época se la conoció posteriormente como el Terror, aunque no todo fueron cabezas rodando, como la de Luis XVI, los nobles, los girondinos y al final los propios jacobinos. El Terror, o la Convención, trajo muchas cosas, aparte de sangre: se estableció el precio de alimentos básicos como el pan; se requisaron bienes y riquezas a los nobles para su posterior reparto entre la población, que, a pesar de las ejecuciones con guillotina, daba palmas con las orejas, porque además de garantizarle una alimentación básica a pequeños precios y otorgarle cierta cantidad de posesiones, la Convención también anuló las deudas del campesinado con los nobles.

Sin embargo, pese a que se habían establecido una serie de medidas sociales y políticas que permitieron dominar las rebeliones internas, vencer a los enemigos y evitar que se desmoronase la economía, la población acabó volviéndose contra el gobierno de Robespierre y sus jacobinos por sus formas de hacer las cosas. Finalmente, mediante el golpe de Estado de Termidor, llevado a cabo por la burguesía, los jacobinos fueron depuestos y Robespierre decapitado.

Los revolucionarios no solo se dedicaron a decapitar nobles y a asaltar palacios, también realizaron una serie de experimentos sociales, entre los que quiero destacar la incorporación de un nuevo calendario: el calendario revolucionario.

En este calendario, el año empezaba el 22 de septiembre, día en el que fue abolida la monarquía. Asimismo, el año se componía de doce meses de treinta días cada uno; estos meses dejaron atrás sus viejos nombres y en su lugar recibieron denominaciones que hacían referencia al clima de cada mes o a sus características. Además, en lugar de asociarse un santo a cada día del año, como ocurre aún hoy en día, en el calendario francés revolucionario cada día quedaba asociado a una planta, un mineral, un animal o una herramienta.

El fin de este calendario era el de adaptarse al sistema decimal y eliminar las referencias religiosas. El resultado fue un sistema un tanto confuso que os resumo aquí:

El calendario revolucionario, como el nuestro, se componía de cuatro estaciones y doce meses, y cada uno de ellos tenía treinta días. Otoño constaría de tres meses: vendimiario, del latín *vindemia*, «vendimia»; brumario, del francés *brume*, «bruma»; y frimario, del francés *frimas*, «escarcha». Invierno constaría de nivoso, del latín *nivosus*, «nevado»; pluvioso, del latín *pluviosus*, «lluvioso»; y ventoso, del latín *ventosus*, «ventoso». Primavera estaría compuesta por germinal, del latín *germen*, «semilla»; floreal, del latín *flos*, «flor»; y por pradial, del francés *prairie*, «pradera». Verano se compondría de mesidor, del latín *messis*, «cosecha»; termidor, del griego *thermos*, «calor»; y fructidor, del latín *fructus*, «fruta».

Si hacemos el cálculo de 30 días multiplicado por 12 meses nos da un total de 360 días; los cinco o seis que faltan respecto a nuestro calendario los utilizaron para establecer los días de fiesta nacional, creando así la fiesta de la Virtud, el 17 o 18 de septiembre; la fiesta del Talento, el 18 o 19 de septiembre; la fiesta del Trabajo, el 19 o 20 de septiembre; la fiesta de la Opinión, el 20 o 21 de septiembre; la fiesta de las Recompensas, el 21 o 22 de septiembre y la fiesta de la Revolución, el 22 o 23 de septiembre solo en años bisiestos.

Los nombres que recibían los días quedaron tal que así:

Otoño

Vendimiario (22 de septiembre ~ 21 de octubre)	Brumario (22 de octubre ~ 20 de noviembre)	Frimario (21 de noviembre ~ 20 de diciembre)
1. Día de la uva	1. Día de la manzana	1. Día del rapónchigo
2. Del azafrán	2. Del apio	2. Del nabo forrajero
3. De la castaña	3. De la pera	3. De la achicoria
4. De la cólquida	4. De la remolacha	4. Del níspero
5. Del caballo	5. De la oca	5. Del cerdo
6. De la balsamina	6. Del heliotropo	6. Del canónigo
7. De la zanahoria	7. Del higo	7. De la coliflor
8. Del amaranto	8. De la escorzonera	8. De la miel
9. De la chirivía	9. Del mostajo	9. Del enebro
10. De la tinaja	10. Del arado	10. Del pico
11. De la patata	11. Del salsifí	11. De la cera
12. De la flor de papel	12. De la castaña de agua	12. Del rábano picante
13. De la calabaza	13. Del tupinambo	13. Del cedro
14. De la reseda	14. De la endibia	14. Del abeto
15. Del asno	15. Del guajolote	15. Del corzo
16. De la bella de noche	16. De la escaravía	16. Del tojo
17. De la calabaza otoñal	17. Del berro	17. Del ciprés
18. Del alforfón	18. De la dentelaria	18. De la hiedra
19. Del girasol	19. De la granada	19. De la sabina
20. Del lagar	20. De la grada	20. Del azadón
21. Del cáñamo	21. De la bacante	21. Del arce
22. Del melocotón	22. Del acerolo	22. Del brezo
23. Del nabo	23. De la rubia roja	23. De la caña
24. Del amarilis	24. De la naranja	24. De la acedera
25. Del buey	25. Del faisán	25. Del grillo
26. De la berenjena	26. Del pistacho	26. Del piñón
27. Del pimiento	27. De la guija tuberosa	27. Del corcho
28. Del tomate	28. Del membrillo	28. De la trufa
29. De la cebada	29. Del serbal	29. De la aceituna
30. Del barril	30. Del rodillo	30. De la pala

Invierno

Nivoso (21 de diciembre ~ 19 de enero)	Pluvioso (20 de enero ~ 18 de febrero)	Ventoso (19 de febrero ~ 20 de marzo)
1. De la turba	1. De la laureola	1. Del tusílago
2. Del carbón	2. Del musgo	2. Del corno
3. Del betún	3. Del rusco	3. Del alhelí
4. Del azufre	4. Del galanto	4. Del aligustre
5. Del perro	5. Del toro	5. Del macho cabrío
6. De la lava	6. Del laurentino	6. Del jengibre silvestre
7. De la tierra vegetal	7. Del hongo yesquero	7. Del aladierno
8. Del estiércol	8. Del mezereón	8. De la violeta
9. Del salitre	9. Del álamo	9. Del sauce cabruno
10. Del mayal	10. Del hacha	10. De la laya
11. Del granito	11. Del eléboro	11. Del narciso
12. De la arcilla	12. Del brécol	12. Del olmo
13. De la pizarra	13. Del laurel	13. De la fumaria
14. De la arenisca	14. Del avellano	14. Del erísimo
15. Del conejo	15. De la vaca	15. De la cabra
16. Del sílex	16. Del boj	16. De la espinaca
17. De la marga	17. Del liquen	17. Del doronicum
18. De la piedra de cal	18. Del tejo	18. De la anagallis
19. Del mármol	19. De la pulmonaria	19. Del perifollo
20. De la aventadora de cereal	20. De la navaja podadora	20. Del hilo
21. De la piedra de yeso	21. Del carraspique	21. De la mandrágora
22. De la sal	22. Del torvisco	22. Del perejil
23. Del hierro	23. De la gramilla	23. De la coclearia
24. Del cobre	24. De la centinodia	24. De la margarita
25. Del gato	25. De la liebre	25. Del atún
26. Del estaño	26. De la isatide	26. Del diente de león
27. Del plomo	27. Del avellano	27. De la anémona de bosque
28. Del cinc	28. Del ciclamen	28. Del culantrillo
29. Del mercurio	29. De la celidonia mayor	29. Del fresno
30. Del tamiz	30. Del trineo	30. Del plantador

Primavera

Germinal (21 de marzo ~ 19 de abril)	Floreal (20 de abril ~ 19 de mayo)	Pradial (20 de mayo ~ 18 de junio)
1. De la primavera	1. De la rosa	1. De la alfalfa
2. Del sicomoro	2. Del roble	2. Del lirio de día
3. Del espárrago	3. Del helecho	3. Del trébol
4. Del tulipán	4. Del espino albar	4. De la angélica
5. De la gallina	5. Del ruiseñor	5. Del pato
6. De la acelga	6. De la aguileña	6. Del toronjil
7. Del abedul	7. De la convalaria	7. De la mazorra
8. Del junquillo	8. De la seta	8. Del martagón
9. Del alnus	9. Del jacinto	9. Del serpol
10. Del nidal	10. Del rastrillo	10. De la guadaña
11. De la vincapervinca	11. Del ruibarbo	11. De la fresa
12. Del carpe	12. De la esparceta	12. De la salvia
13. De la morilla	13. Del erysimun	13. Del guisante
14. Del haya	14. Del palmito	14. De la acacia
15. De la abeja	15. Del gusano de seda	15. De la codorniz
16. De la lechuga	16. De la consuelda	16. Del clavel
17. Del alerce	17. De la algáfita	17. Del saúco
18. De la cicuta	18. Del alyssum	18. De la adormidera
19. Del rábano	19. De la atriplex	19. Del tilo
20. De la colmena	20. Del escardillo	20. Del bieldo
21. Del árbol de Judea	21. Del limonium sinuatum	21. Del barbo
22. De la lechuga romana	22. Del fritillaria	22. De la manzanilla
23. Del castaño de Indias	23. De la borraja	23. De la madreselva
24. De la roqueta	24. De la valeriana	24. Del galium
25. De la paloma	25. De la carpa	25. De la tenca
26. De la lila	26. Del bonetero	26. Del jazmín
27. De la anémona	27. Del cebollino	27. De la verbena
28. Del pensamiento	28. De la anchusa	28. Del tomillo
29. Del arándano	29. De la mostaza negra	29. De la peonía
30. Del cuchillo	30. Del armuelle	30. Del carro

Verano

Mesidor (19 de junio ~ 18 de julio)	Termidor (19 de julio ~ 17 de agosto)	Fructidor (18 de agosto ~ 21 de septiembre)
1. Del centeno	1. De la escaña	1. De la ciruela
2. De la avena	2. Del verbasco	2. Del mijo
3. De la cebolla	3. Del melón	3. Del soplo de lobo
4. De la verónica	4. De la cizaña	4. De la cebada
5. De la mula	5. Del carnero	5. Del salmón
6. Del romero	6. De la cola de caballo	6. Del nardo
7. Del pepino	7. De la artemisa	7. De la cebada
8. Del chalote	8. Del cártamo	8. De la apocynaceae
9. De la absenta	9. De la mora	9. Del regaliz
10. De la hoz	10. De la regadera	10. De la escala
11. Del cilantro	11. Del panicum	11. De la sandía
12. De la alcachofa	12. Del salicor	12. Del hinojo
13. Del clavo	13. Del albaricoque	13. Del berberis
14. De la lavanda	14. De la albahaca	14. De la nuez
15. De la gamuza	15. De la oveja	15. De la trucha
16. Del tabaco	16. De la malvaceae	16. Del limón
17. De la grosella	17. Del lino	17. Del cardencha
18. Del lathyrus	18. De la almendra	18. Del espino cerval
19. De la cereza	19. De la genciana	19. Del clavelón
20. Del parque	20. De la esclusa	20. Del cesto
21. De la menta	21. De la carlina	21. Del escaramujo
22. Del comino	22. De la alcaparra	22. De la avellana
23. De la judía	23. De la lenteja	23. Del lúpulo
24. De la palomilla de tintes	24. De la inula	24. Del sorgo
25. De la gallina de Guinea	25. De la nutria	25. Del cangrejo de río
26. De la salvia	26. Del mirto	26. De la naranja amarga
27. Del ajo	27. De la colza	27. De la vara de oro
28. De la algarroba	28. Del lupino	28. Del maíz
29. Del trigo	29. Del algodón	29. De la castaña
30. De la chirimía	30. Del molino	30. De la cesta

Si tenías suerte, podías nacer en el día de una bella flor como el rapónchigo, que es la flor del cuento de Rapunzel, o el día de la cólquida; también podías nacer el día del caballo o del buey. Pero si tenías la mala suerte de nacer el 17 de noviembre, el 21 de julio o el 28 de enero, nacerías el día del membrillo, del melón o del estiércol, respectivamente.

Este calendario fue tan lioso que Napoleón lo abolió porque se descuadró del ciclo lunar, o porque no le gustaba la flor del lupino, que es el día en el que nació, vete a saber.

Mirad a ver qué día nacisteis vosotros, a ver si tenéis la misma suerte que Rudolf Hoess, comandante alemán del campo de concentración nazi en Auschwitz, que nació el día del cerdo. ¿Casualidad? No lo creo.

LA PRIMERA GUERRA MUNDIAL

Cuando pensamos en una guerra mundial, nos viene a la cabeza, por lo general, la segunda, la gorda, la de Hitler, la del genocidio.

Y no, no vamos a hablar de esa; vamos a hablar de la primera, que también fue gorda, también fue la de Hitler y también tuvo su genocidio.

La Gran Guerra o Guerra del 14 también fue bastante gorda, lo que pasa es que no hubo bombas atómicas ni un desembarco épico en Normandía, aunque sí hubo uno en Gallipoli que los neozelandeses y los australianos habrían preferido no protagonizar. Esta guerra afectó a los cinco continentes, ya que, aunque empezó en el viejo continente, como todo lo malo, se extendió hacia las colonias de los imperios, si bien esta guerra ni les iba ni les venía. En fin, esta gran contienda involucró a más de veintinueve países.

Esta guerra también fue la de Hitler, pero gracias a Dios no le pilló como líder de una potencia, sino como cabo del ejército alemán. Respecto a los genocidios, esta guerra también tuvo el suyo, pero por lo que sea es menos conocido; me refiero al genocidio armenio, también llamado el «Gran Castigo», perpetrado entre 1915 y 1923 por una Turquía en decadencia en manos de los Jóvenes Turcos, que persiguieron a la población armenia y eliminaron entre medio millón y dos millones de personas.

La guerra comenzó de una manera muy curiosa, desde nuestro punto de vista, claro, porque a Francisco Fernando de Habsburgo le debió de parecer de todo menos curiosa. Este señor, que era el heredero al trono del Imperio austrohúngaro, un buen día se fue a visitar Sarajevo, en Bosnia, zona que había sido anexionada hacía poco por Austria-Hungría, y podía haberle pasado lo que a cualquier turista, que le engañasen en un restaurante o que le robasen la cartera, pero no, a Francisco Fernando no le esperaban los mangantes, le esperaba la Mano Negra, un grupo de jóvenes nacionalistas eslavos que atentaron contra él.

Concretamente, fue Gavrilo Princip el que disparó a Francisco Fernando y a su esposa. «Visita Sarajevo, decían; será divertido, decían», debió de pensar el matrimonio. Austria-Hungría acusó al reino de Serbia de estar detrás del atentado y le declaró la guerra el mismo día del asesinato, y ahí empezó todo el mondongo. Rusia, para defender los intereses de sus aliados serbios, movilizó a sus tropas por si tenía que defender a sus aliados eslavos, lo que ocasionó que Alemania, aliada de Austria-Hungría, exigiese a Rusia que detuviese la movilización y a Francia que permaneciese neutral. Ambos países hicieron oídos sordos a las amenazas germanas, lo que comportó que, el 1 de agosto, el país teutón declarase la guerra a Rusia y el 3, a Francia. Los planes de Alemania eran invadir primero Francia de manera rápida y luego volverse contra Rusia. Para poder invadir Francia, Alemania invadió Bélgica y Luxemburgo, que se debieron de quedar pensando: «Pero ¿qué he hecho yo?». Esta invasión provocó la entrada de Gran Bretaña en la guerra, como aliada de Bélgica, el 4 de agosto. El 5 de agosto, Montenegro se sumó a la fiesta y declaró la guerra a los imperios centrales. Ese mismo día, Austria-Hungría declaró la guerra a Rusia. El 6 Serbia se la declaró a Alemania; el 11 Francia se la declaró a Austria-Hungría, y el 12 lo hizo Inglaterra. El 23 de agosto, desde los confines del mundo, Japón le declaró la guerra a Alemania cuando unos barcos alemanes cruzaron aguas chinas que los japoneses consideraban suyas. El 25 Japón declaró la guerra a Austria-Hungría. El 28 de agosto Austria-Hungría declaró la guerra a Bélgica, que ya había sido invadida. El 4 de noviembre Rusia declaró la guerra a Turquía porque esta era aliada de los imperios centrales y sus aspiraciones territoriales afectaban a Rusia. Serbia, para defender a Rusia, le declaró la guerra a Turquía el día 4 y lo mismo hicieron Francia e Inglaterra el día 5.

Ya en 1915, Italia, que había permanecido neutral, declaró la guerra a Austria-Hungría el 23 de mayo, y lo mismo hizo San Marino el 3 de junio. ¡Ojo, cuidado, que llega la micronación de San Marino a repartir estopa, temed, grandes imperios! El 14 de octubre Bulgaria declaró la guerra a Serbia, lo que fue respondido por Montenegro y el Reino Unido el 15 de octubre declarando la guerra a Bulgaria. El día 16 harían lo propio Italia y Francia.

En 1916 Alemania, *on fire*, le declaró la guerra a Portugal el 9 de marzo por ser aliado del Reino Unido, por arrebatarles unos barcos que se encontraban fondeados en Lisboa y por inventar el fado. Lo mismo hizo Austria-Hungría el día 15. Entre el 26 y el 28 de agosto Rumanía pasó del pacto de defensa conjunta que tenía con Austria-Hungría y le declaró la guerra. Al mismo tiempo, Italia le declaró la guerra a Alemania, y esta se la declaró a Rumanía, lo mismo que hizo Turquía el 30 de agosto y Bulgaria el 1 de septiembre.

En 1917, por si no estaba la cosa poco liada, Estados Unidos declaró la guerra a Alemania el 2 de abril por el hundimiento de varios barcos estadounidenses a manos de los alemanes. A partir de aquí, al mundo entero se le fue la cabeza y comenzaron a producirse las declaraciones de guerra más absurdas: Panamá y Cuba declararon la guerra a Alemania el día 7. Grecia hizo lo propio el 27 de junio con Austria-Hungría. Siam, el 22 de julio, declaró la guerra a los imperios centrales. El día 4 Liberia le declaró la guerra a Alemania. El 14 de agosto, China declaró la guerra a los imperios centrales para hacerse la guay delante de las potencias europeas y que en un futuro se la tuviese en cuenta en las relaciones internacionales. El 26 de octubre, Brasil declaró la guerra a Alemania porque les había hundido unos barcos mercantes tal y como hicieron con los estadounidenses. El 7 de diciembre Estados Unidos le declaró la guerra a Austria-Hungría. El 10 hizo lo mismo Panamá, y el 16 Cuba, por aquello de que eran títeres de los yanquis.

En 1918, Guatemala declaró la guerra a Alemania el 23 de abril, el 8 de mayo Nicaragua declaró la guerra a los imperios centrales y el 23 de mayo lo hizo Costa Rica a causa del hundimiento de varios mercantes. Haití declaró la guerra a Alemania, pero por obligación y no por gusto, ya que se encontraba ocupado por los estadounidenses. El 19 de julio Honduras declaró la guerra a Alemania.

«Vamos, que la he liado parda», debió de pensar Gavrilo Princip desde la cárcel.

En total, veintinueve países se vieron implicados en estas declaraciones de guerra, que debieron de marcar un antes y un después para el gremio de carteros, que llevar una declaración de guerra de Alemania a Bélgica es fácil, pero vete tú de Siam a Alemania a entregar una declaración de guerra, y espera a que luego al que se lo entreguen lo entienda. Hubo declaraciones de guerra temibles y otras no tanto, porque no es lo mismo que te llegue una declaración de guerra de Rusia o Gran Bretaña que de San Marino o Costa Rica, aunque, bueno, para lo que hizo Rusia igual era más temible la de San Marino. Hubo también países que declararon la guerra porque les iba la vida en ello, como Serbia o Francia. Además hubo quien intentó sacar partido de la situación, como Turquía y Bulgaria, que debieron de pensar: «A río revuelto, ganancia de pescadores», y luego estaban los estados títeres de unos y otros que declararon la guerra pero ni participaron ni nada: este es el caso de Cuba, Haití y Panamá; cuando sus declaraciones llegaron a Viena y a Berlín las autoridades se debieron de quedar como «Pues vale, pues muy bien, a mí como si os la pica un pollo».

Después de todo este follón, el mapa de Europa quedó completamente modificado. Gavrilo Princip murió de tuberculosis el 28 de abril de 1918 cuando ya quedaba poco para la derrota de Austria-Hungría, tras meses de martirio y enfermedades que además le produjeron la amputación de uno de sus brazos. En su celda, antes de morir dejó grabadas las siguientes palabras en la pared:

Наше ће сјене ходати по Бечу, лутати по двору, плашити господу.

¿Impactante, verdad? ¡Ah! ¿Que sois como yo y no entendéis un pijo de serbio? Pues no os preocupéis, que lo he mirado en Google Translate y significa: «Nuestras sombras andarán por Viena, se pasearán por la corte, atemorizarán a la aristocracia».

RASPUTÍN

En el ámbito ruso no hay figura que despierte tanto misterio como la de Rasputín, y es que alrededor de la vida de este señor se ha ido creando con el tiempo un halo de enigma que realmente no es para tanto, porque en verdad se sabe todo acerca de su vida, que más que enigmática es pintoresca.

Grigori Yefimovich Rasputín, que era su nombre real, empezó sus días en una pequeña población siberiana como hijo de un campesino, reuniendo las dos condiciones claves para vivir en la pobreza: ser campesino y siberiano. Su juventud corrió entre las borracheras y las juergas, a lo que se le fue sumando una nueva afición, el robar, que fue precisamente lo que hizo que se iniciase su camino hacia el estrellato y la fama como místico, y no lo digo porque tuviese un don para robar digno de un X-Men.

Lo digo porque un buen día un vecino le pilló robando la valla de su patio. ¿Que para qué demonios querría este hombre una valla? Bueno, en fin, este robo le costó una dura paliza a manos del dueño de la valla, lo cual tuvo unas graves consecuencias para Grigori, ya que, según el hombre que le propinó la paliza, Rasputín «se volvió extraño y como imbécil»; supongo que con imbécil se refería a más imbécil aún, porque a alguien con la cabeza normal no se le ocurre robar una valla. Sea como fuere, esta imbecilidad dio sus frutos cuando decidió peregrinar en busca del hermano Makari, que era un asceta que se entretenía azotándose a sí mismo con una cadena, lo normal, y lo propio de un ladrón de vallas borracho es juntarse con un señor que se azota a sí mismo. ¿Qué puede fallar?

Esta visita cambió a Rasputín para siempre, y al volver a su aldea, comenzó a rezar mucho y muy fuerte, hasta tal punto que hubo gente que le empezó a seguir, y aquí ya se lio gordísima, porque lo último que le hace falta a un loco es que haya alguien que le siga. Rasputín empezó a interpretar los evangelios para sus seguidores a su manera, lo que hizo que la gente comenzase a comentar que se había metido en una secta, la de los jlysti, que eran unos tipos que creían que Dios se reencarnaba en gente *random*, y esta gente *random* se unía a una mujer que hacía las veces de madre de Dios y se ponía a dirigir la vida religiosa de su comunidad. Estas personas además dedicaban sus celebraciones a hacer wiki-wiki muy fuerte entre ellas para acercarse a Dios.

Sea como fuere, Rasputín marchó a Kazán, donde adquirió algo de formación e intentó ser sacerdote, pero en palabras de su preparador: «Es un lerdo, no aprende nada, es más bruto que un tocón»; además de por ser más tonto que una piedra, también impresionó a las autoridades por su sencillez a la hora de abordar la fe, lo cual hizo que lo enviaran a San Petersburgo, donde se acabó introduciendo en la alta nobleza, que le sirvió de puente para conocer a los zares, y por si los pobres no tuviesen suficiente con la que se les venía encima, para colmo tuvieron que aguantar al tipo este con sus neuras religioso-sexuales.

Y fue precisamente de esa situación de peligro de lo que se aprovechó Rasputín, de la mala suerte de los zares, ya que al poco de llegar a San Petersburgo nació Alekséi, el hijo hemofílico del zar, a lo que se sumó la guerra contra Japón, que los rusos perdieron estrepitosamente, y la conmoción del Domingo Sangriento. Con todos estos problemas, los zares se fueron a vivir a las afueras, donde se aislaron un poco, aislamiento que se rompió con la llegada de Rasputín, que en principio fue a tomar un té, pero les debió de impactar tanto que ya se quedó.

Parece ser que el zarevich se puso muy malo y Rasputín le colocó las manos encima y le curó, y entonces la amistad de Rasputín con los zares se hizo de hierro, aunque no se sabe si esta amistad fue más perjudicial para el místico trastornado o para los zares sin suerte, ya que se empezó a comentar que la zarina y el místico se juntaban, y no solo para hablar. Esto levantó unas poderosas fuerzas contra Rasputín, que era visto como un peligro para los zares, ya que además de ser acusado de pertenecer a una secta y de pencarse a la zarina, se le acusaba también de intervenir en asuntos de estado y en el nombramiento de cargos. Rasputín comenzó a sufrir los percances propios de que te odien la nobleza y los altos cargos religiosos, es decir, atentados, entre los cuales hay que destacar uno en el que lo atacaron intentando cortarle el pene, que, por cierto, no era pequeño. Rasputín, consciente de que su suerte comenzaba a cambiar y ante la llamada a filas de su hijo, se dio a la bebida desmesuradamente, lo cual fue peor visto por la sociedad, que le empezó a tildar de borracho sin mesura. ¿Cuánto tiene que beber un ruso para que sus compatriotas consideren que es mucho?

La nobleza pronto lo tuvo claro: Rasputín tenía que desaparecer. Por ello urdieron un complot y llamaron a Rasputín al palacio de uno de los conjurados; allí le envenenaron con cianuro, pero él ni se inmutó; supongo que, para un estómago acostumbrado a litros y litros de vodka, un poco de cianuro es como si tú coges y te bebes un Bitter Kas: bien no te sabe, pero lo aguantas. Al ver que no la palmaba, le pegaron un tiro, y Rasputín se desplomó, pero, como buen borracho, después de caer se levantó y consiguió huir; le cogieron y le pegaron dos tiros más, y por si acaso le tiraron al río, pero, claro, era Rusia y el río estaba helado, así que hicieron un agujero en el hielo, en plan esquimal, y lo lanzaron por él. Y no se volvió a saber de Rasputín, pero sí de su pilila, que se recorrió medio mundo metida en un tarro con formol.

Su asesinato corrió a cargo de la nobleza rusa, que había acabado hasta las narices de él y de sus intromisiones, pero no lo hicieron solos, ya que contaron con la ayuda de los servicios secretos británicos. El cuerpo lo encontraron congelado cual barritas de merluza dos días después y fue enterrado cerca del palacio de Tsárskoye Seló casi un mes más tarde; supongo que estarían esperando a que se descongelase. Tras la revolución, fue desenterrado y quemado; los conjurados, a su vez, tras esta revolución, fueron desterrados o confinados a trabajos forzados, pero por ser nobles, no por andar matando a monjes locos.

NAZIS Y ALIENS

«¿Cómo que nazis y aliens? ¿No será esto un capítulo de *clickbait*? ¿Te has estado cagando durante todo el libro en los que se creen las teorías conspiratorias de los nazis y los aliens y ahora vas a hacer tú lo mismo? ¿La paella con guisantes o sin ellos? ¿Quiénes demonios eran los pueblos del mar?», os estaréis preguntando.

No, no es eso, y tampoco sé si la paella va con guisantes o sin ellos, ni quiénes eran los pueblos del mar, pero quiero explicar aquí de dónde viene la mierda esa de los nazis y el mundo esotérico, y por mierda me refiero a la continua relación que se establece entre los nazis y el mundo esotérico, no a los nazis en sí. Aunque, pensándolo bien, los nazis también eran una mierda bastante gorda, así que podéis interpretarlo como queráis.

La relación entre el esoterismo, el ocultismo y los nazis tiene su origen en la Sociedad Thule, la Ahnenerbe y Otto Rahn, y sobre estos orígenes se han ido construyendo mitos, teorías conspiranoicas, horas y horas de documentales absurdos y demás mierdas, y aquí, para evitar caer en temas similares, me voy a limitar a explicar de dónde viene todo esto.

En primer lugar, nos encontramos la Sociedad Thule, que nos la han vendido como una sociedad oculta y supermegasecreta y no es así, ya que, entre otras cosas, en vez de juntarse en lugares secretos y actuar con prudencia, se reunían en el célebre y lujoso hotel Las Cuatro Estaciones, de Baviera, y se dedicaban a perseguir judíos por las calles. Esta asociación, cuyo nombre en alemán era Thule-Gesellschaft, era en realidad un Grupo de Estudio de la Antigüedad Alemana, que destacó, eso sí, por su ocultismo, su racismo y su interés por el folclore étnico alemán, y fue fundada por un barón llamado Rudolf von Sebottendorf que, entre otras cosas, era astrólogo y alquimista. Además, fue el germen del DAP,[1] ya que sus miembros fundadores, Karl Harrer y Anton Drexler, eran miembros de esta sociedad oscurantista. El DAP se convertiría bajo el liderazgo de Hitler en el NSDAP,[2] lo cual tuvo pésimas consecuencias para la Sociedad Thule, que acabó desapareciendo.

Para entrar a formar parte de esta sociedad, los aspirantes a miembros debían prometer que por sus venas no corría sangre de judío ni de persona «de color», y ojo, que eso no era todo, porque por las venas de las esposas de

1. Deutsche Arbeiterpartei (Partido Obrero Alemán).
2. Nationalsozialistiche Deutsche Arbeiterpartei (Partido Nacionalsocialista Obrero Alemán, que de socialista tenía lo que tú de selenita).

los aspirantes tampoco podía correr sangre judía. En teoría, la actividad principal de esta sociedad era la de estudiar y reivindicar los orígenes de la raza aria, y de ahí el nombre de la sociedad, ya que Thule era la denominación que le dio la cultura grecolatina a la capital de Hiperborea, una zona no explorada aún por los griegos que se encontraba más allá de Tracia. Se sospechaba que esta región era en verdad Escandinavia, aunque también se la ha venido relacionando con la Atlántida; sea donde sea, los seguidores de la Sociedad Thule creían que ellos provenían de allí, porque claro, no iban a venir de donde venimos todos, ellos tenían que ser de un lugar mucho más chulo y más místico, y en este sentido, qué mejor que pensar que eran de un continente perdido y por eso son mejores que tú, que yo y que tu vecino el del quinto, que también viene de un continente perdido, pero ese es menos porque es más moreno de piel.

A pesar de que esta sociedad tenía como actividad principal demostrar esta serie de afirmaciones basadas en los trabajos de geógrafos grecorromanos y en la creencia, en ocasiones, de que la Tierra estaba hueca y en su interior habitaban otras sociedades, las verdaderas actividades de esta gente eran bien diferentes, ya que se centraron, por lo que sea, en combatir a judíos y comunistas, llegando incluso a asesinar al primer ministro socialista Kurt Eisner. También llevaron a cabo una intentona de golpe de estado que condujo a muchos de sus integrantes al patíbulo. Vamos, que se parecían más a un grupo de *hooligans* que a los investigadores del *National Geographic*, algo así como si los de «Make America Great Again» afirmasen que se han juntado para bailar country y luego se dedicasen a pasarse el día persiguiendo a negros y latinos.

La Ahnenerbe, por su parte, era la Sociedad para la Investigación y Enseñanza sobre la Herencia Ancestral Alemana. Estuvo activa entre los años 1939 y 1945 y se dedicó, exclusivamente, al estudio de las tradiciones, historia y patrimonio de la raza aria, pero sus miembros se consagraron a ello de verdad, no se dedicaron a meter palizas y a matar a judíos y comunistas; bueno, eso también lo hacían porque eran de las SS, pero al menos realizaron más estudios que la Sociedad Thule, en concreto hicieron experimentos con prisioneros de guerra, aunque estas investigaciones tampoco las podríamos calificar de científicas. Cuando empezó la Segunda Guerra Mundial, esta organización pasó a integrarse en las SS y se pusieron a su mando Heinrich Himmler, Walther Wüst y Wolfram von Sievers.

Esta sociedad se centró en la arqueología, etnología y antropología, para lo que se realizaron viajes sobre todo a Sudamérica y al Himalaya; vamos, como el *National Geographic,* pero mal. Esta gente se plantó en el

Tíbet con la intención de demostrar que la raza aria procedía de allí, además de ponerse a buscar al yeti, que, con lo blanquito y lo alto que debía de ser, seguro que tenía unos buenos abuelos alemanes que se llamaban Gunter y Astrid, y muchas ganas de hacerse miembro de las SS.

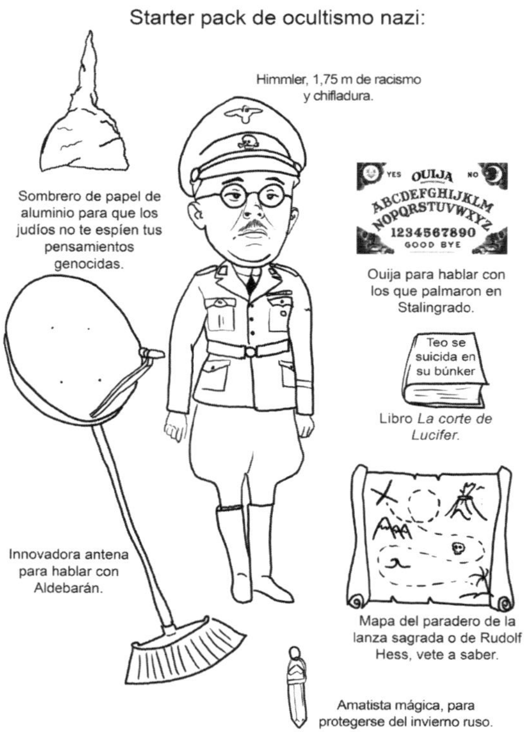

Los de la Ahnenerbe también fueron al Cáucaso, al monte Elbrus, y aquí es donde sucedió lo más raro relacionado con esta sociedad: esta expedición no volvió jamás, y años después se hallaron los cuerpos de sus doscientos integrantes, que habían sido sepultados por un alud. «Hasta aquí todo normal —diréis—: soldados de la Alemania nazi muertos, no es tan malo.» Gracias, nieve.

Pues bien, entre estos cuerpos que fueron descubiertos en 2015, se encontró una maleta con el emblema de la Ahnenerbe en perfecto estado, y en su interior, dos pequeños cráneos que, a priori, no pertenecen a ninguna raza animal o humana conocida; también había un mapa de la República de Adigueya, donde para más inri se han hallado tumbas megalíticas de personas de tres metros de altura. Si esta gente ya se creía que procedía de la estrella Aldebarán y todas esas mierdas, lo que menos falta les hacía para considerarse todavía más especiales era encontrar huesos de seres extraños que podían relacionarse con extraterrestres y con seres de luz. Aunque seguramente se encontrasen unos cráneos deformados de algún homínido, pero, bueno, con esto Canal Historia ya tiene material para tres temporadas.

Esta sociedad, además de estudiar las tradiciones, historia y patrimonio de la llamada «raza aria», se dedicaron a buscar lo oculto y a realizar pseudohistoria; vamos, como DMax y Canal Historia, pero matando peña.

Hay que hablar también de Otto Rahn, escritor alemán aficionado al esoterismo, la historia y el medievalismo. Este hombre, miembro de las SS, fue uno de los máximos exponentes del ocultismo nazi junto con Heinrich Himmler. Este señor desarrolló un exagerado interés por los cátaros, y llegó a tal punto este interés que dejó su Alemania natal y se fue a vivir a Lavelanet, cerca de Languedoc, para seguir sus investigaciones sobre los cátaros. Allí escribió dos obras: *Cruzada contra el Grial* y *La corte de Lucifer*; esta última lo petó e influyó en todo el mundo que se interesaba por el esoterismo medieval, entre ellos el propio Himmler, que ordenó distribuir el libro entre los oficiales de las SS. Ambas obras relacionaban a los cátaros con el Santo Grial, y eso ya hizo que a muchos nazis se les fuera completamente la flapa y empezasen a buscarlo como unos condenados. Esta fiebre «arqueológica» llegó hasta Himmler, que acudió a Montserrat a buscar el Grial creyendo que Montserrat, en vez de venir de los vocablos catalanes *mont*, «monte», y *serrat*, «serrado», venía de *mont sagrat*, «monte sagrado», y, claro, si era sagrado, era porque allí tenía que estar el Grial.

Que diréis: «Sí, claro, se va a venir este pavo desde Alemania hasta Barcelona solo a eso; vendría a otra cosa», pues aparentemente no, ya que no tenía mucho sentido que Himmler fuese a Barcelona, porque el poder político estaba en Madrid, por lo que una de las pocas explicaciones de esta visita es la esotérica. También puede ser que Himmler pretendiese sacar a relucir los restos arqueológicos de origen «germánico» de España, es decir, los de los visigodos, y aprovechar así la arqueología como arma de cohesión de una Europa germánica. Y sí, has acertado: un nazi vino a por una copa de la que un hippy judío bebió hace dos mil años. *Lógica Not Found*. ¡Jaque mate, racistas!

Sea como fuere, Himmler fue a Montserrat y no encontró nada, y Otto Rahn murió aparentemente suicidándose con un método similar al que utilizaban algunos cátaros, la «endura», que consistía en el suicidio mediante el ayuno. Y esto lo puso en práctica tras pasar varios meses como guardia en el campo de Dachau y ver los horrores que allí se cometían.

Todo esto condujo a muchos nazis a participar en círculos y prácticas ocultistas bastante variopintas: había los que hacían espiritismo, los que se creían que la Tierra estaba hueca, los que se fiaban de las runas, los que decidieron creer en el neopaganismo como una contraposición al judeocristianismo, o los que creían que la raza aria, superior a todas las demás, provenía de lugares como la Atlántida, Thule, Shambhala o la estrella de Aldebarán, porque, claro, si vas de que tu raza es superior a las demás le tienes que buscar un origen con empaque; no va a venir de Poyales del Hoyo, en Ávila, de Bernuy de Porreros, en Segovia, o de Los Infiernos, Alcantarilla, Puente Tocinos o Llanos de Brujas, todos ellos en Murcia. Tiene que tener su origen en un sitio supermegaguay y con un halo de misterio, y claro, misterio y Murcia no casan, pero tampoco casan las pedanías de Alemania, porque recordemos que en tierras germanas puedes ir del pueblo de Repente al de Kagar, otro municipio, en veinte minutos en coche; buscadlo en Google Maps, que existen.

En fin, que gracias a ~~Dios~~ la URSS que esta gente perdió la guerra, porque si no ya estaríamos todos midiéndonos los cráneos y buscando copas en monasterios, con papel de aluminio en forma de gorro.

FRANCO Y EL SÉPTIMO ARTE

Os voy a hablar ahora de la relación que tenía Francisco Franco con el mundo del cine, y vosotros diréis: «¿Qué relación va a tener este señor con el cine y esas cosas? Seguro que se limitaba a censurar y punto». Pues en principio sí, pero hacía algo más que censurar, ya que Franco, además de tener una vena dictatorial, tenía una vena «artística», y no nos referimos al arte que tenía a la hora de hacer lo que le daba la gana. Hitler tenía sus cuadros, Mussolini su piano y Franco el séptimo arte.

Franco empezó a hacer sus pinitos en el cine en 1926, durante la dictadura de Primo de Rivera (1923-1930), de la mano de Francisco Gómez Hidalgo, en la película *La malcasada*, que es un folletín melodramático ambientado en los años veinte y de escaso valor artístico, ya que su productor, guionista y director, Francisco Gómez Hidalgo, era al cine lo que Cristiano Ronaldo a la modestia. Esta película plantea el tema del divorcio en España, y por ella desfilan un sinfín de personalidades de la época, entre las que destacan escritores como Valle-Inclán, Azorín, Concha Espina y Margarita Nelken, así como políticos como Lerroux y el conde de Romanones y militares como Sanjurjo, el dictador Miguel Primo de Rivera y el propio Franco, que hace un pequeño cameo que, la verdad, pasa sin pena ni gloria.

La incursión de en el mundo del cine no se quedó ahí, ya que, además de gustarle el cine, también escribía novelas, y una de ellas, en la que usó el seudónimo de Jaime de Andrade, sirvió como guion de la película *Raza* (1941), dirigida por José Luis Sáenz de Heredia. Esta película, que contó con Alfredo Mayo entre sus protagonistas, narra la historia de una familia durante la guerra de Cuba y la Guerra Civil española. En ella se ensalzan todos los valores del nuevo régimen franquista y se ataca a los enemigos de este, como es lógico, lo raro sería que fuese al revés.

La censura fue, durante la dictadura, una de las técnicas cinematográficas más desarrolladas. ¿Para qué arriesgarse a que la gente vea *El gran dictador* pudiendo tener una férrea censura que lo evite? Imagínate que la ven y les da por pensar. En la España franquista había dos maneras de censurar: por un lado, los censores propiamente dichos, y por otro, la tos de Francisco Franco; sí, has leído bien, la tos de Franco. En el Palacio del Pardo se llevaban a cabo una serie de proyecciones cinematográficas de carácter privado, en rigurosa primicia, tan solo para el caudillo y para algún invitado especial. ¿Sabéis ese momento en el que vais al cine y hay alguien que no deja de toser y pensáis: «Joder, el de la tos, a ver si para y puedo ver la película en paz, que no me estoy enterando de nada»? Pues en estas proyecciones ocurría exactamente igual, ya que el invitado no podía prestar atención a la película, puesto que tenía que prestarle atención a la tos de Franco, y no es que Franco tuviese carraspera y le tuviesen que dar caramelos de miel y limón; es que, cada vez que no le gustaba algo que salía en la película, el invicto caudillo tosía, y el invitado ya sabía que esa parte de la cinta sobraba.

La labor de los censores era diferente dependiendo de si la película era española o extranjera. En el caso de ser española, la labor del censor comenzaba con la lectura del guion, el cual estaba sometido a las correcciones pertinentes por su parte; tras esta revisión del guion, se procedía a permitir el rodaje, pero con una serie de instrucciones precisas acerca de los personajes y las situaciones para evitar que el director se pusiese en modo creativo y se liase a añadir sus propias ideas al guion presentado; más tarde, tenía lugar un visionado cuidadoso por parte de los censores para ver si sus «recomendaciones» habían sido escuchadas y obedecidas, y en este visionado se decidía si se realizaban cortes o se cambiaba el título comercial.

Cuando las películas eran de origen extranjero, llegaban a España ya terminadas, lo cual hacía imposible que se manipulase el guion. Sin embargo, era necesario el doblaje al castellano, y era aquí cuando los censores se ponían manos a la obra colocando palabras y frases en la boca de los protagonistas que estos ni de lejos habían dicho, y que nada tenían que ver con el argumento de la obra. La manipulación de los doblajes alcanzó niveles surrealistas con la película *Mogambo* (1953), del gran John Ford.

En esta película, para evitar mostrar en la gran pantalla a los espectadores españoles un caso de adulterio entre Grace Kelly y Clark Gable, cambiaron el doblaje para que Grace Kelly y Donald Sinden, que interpretaba a su esposo, fuesen una pareja de hermanos y no un matrimonio; por lo tanto, al no haber matrimonio, no había relación extramatrimonial entre Gable y Kelly. Todo correcto. ¿Qué podía fallar?

Pues muchas cosas, pero lo que no falló fue la capacidad de leer el lenguaje corporal por parte de los espectadores españoles, que supieron ver por las miradas y la forma de actuar de los actores que entre Sinden y Kelly había amor, y no precisamente fraternal. Podemos ver, por lo tanto, como la censura transformó por arte de birlibirloque un adulterio en un incesto; lo normal, vamos.

Algo parecido ocurrió con *La gran aventura de Tarzán* (1959), de John Guillermin, que no fue censurada, pero sí calificada para mayores porque el torso desnudo de Tarzán podía desviar la atención de los adolescentes de la sexualidad femenina, porque claro, a quién no le ha pasado de niño que, tras ver en el cine a un tío semidesnudo berreando en la selva y entablando amistad con los chimpancés, ha llegado a casa y le ha dicho a su madre: «Mamá, igual a mí lo que me gustan son los penes... o los chimpancés, no lo tengo claro». Al menos hay que agradecer que solo fuese calificada para mayores y no se liasen a recortar escenas en las que saliese Tarzán, porque una película de Tarzán sin Tarzán habría quedado rara y habría parecido más un documental sobre la selva que una película de aventuras.

EL CINE Y LA HISTORIA CONTEMPORÁNEA

El cine que representa episodios de la historia contemporánea está muy ligado a la historia de Estados Unidos, porque esta es una industria que arraigó con fuerza en aquellas tierras. Podemos ver como al principio los enemigos de estas películas eran los indios, porque estos habían sido los primeros enemigos de los florecientes Estados Unidos, y como cuando nació el cine Estados Unidos aún no se había metido en un berenjenal gordo como serían las guerras mundiales, del único enemigo sobre el que podían hacer películas eran los indios. Sin embargo, la cosa cambió, aunque no para fortuna de los indios, que siguieron puteados, ni tampoco para los soldados estadounidenses, pero sí para el mundo del cine, ya que comenzaron los grandes conflictos.

Tras la Primera Guerra Mundial, los estudios se lanzaron a hacer películas relatando las peripecias de la Gran Guerra; así, asistimos a películas como *Wings* (1927), *The Lost Patrol* (1934) o *Adiós a las armas* (1932). Después de esta guerra vino la Gran Depresión y el enemigo ya no fueron ni los indios ni los alemanes, fue el hambre, y por ello se hicieron películas como *Tiempos modernos* (1936) y *Las uvas de la ira* (1940).

Y entonces sucedió el acontecimiento que cambiaría al mundo y al cine, y generaría más de doscientas películas tan solo en la cultura cinematográfica occidental, porque si te pones a contar las que están haciendo los rusos y los chinos te puede dar un telele: la Segunda Guerra Mundial. A estas más de doscientas películas habría que sumar un montón de series, las casi setenta que hay sobre el Holocausto, y con ello te salen más de setecientas horas de tiros y explosiones. Y lo mejor no fue que esta época diese material para realizar estas películas, y que a la vez se siguiesen haciendo películas de indios y de la Primera Guerra Mundial; lo bueno fue que después de la Segunda Guerra Mundial llegó la Guerra Fría, y aquí ya fue el acabose: Vietnam, espías, miedo nuclear...

Lo malo fue que el muro cayó y las películas en las que los más perversos eran los comunistas también fueron para abajo, y hubo que buscar un nuevo enemigo, así que se pusieron a hacer películas en las que el mal venía de fuera, en platillos, y venían a sondarnos para después colonizarnos, o al revés. Al final encontraron el nuevo enemigo: los radicales islámicos y el terrorismo extremista, y en esto andan hasta la fecha.

En cuanto a las películas del Oeste, queremos destacar por su pésima documentación —aquí no recomiendo películas que están bien, solo sacamos lo malo— el filme de Mel Gibson *El patriota* (2000), en el cual no aparece ningún esclavo propiedad de los revolucionarios; además, la batalla del Palacio de Justicia de Guilford, al contrario de lo que aparece en la película, la ganaron los ingleses. En cuanto a *Pocahontas* (1995), esa de dibujos en la que salía una abuela que era un sauce, esta tiene un fallo gordo, y no nos referimos a lo que hizo su abuelo con ese sauce, nos referimos a que, en la vida real, Pocahontas y John Smith no se enamoraron, ya que entre otras cosas ella tenía diez años y fue secuestrada por los ingleses y llevada a Inglaterra. En el caso del clásico *Murieron con las botas puestas* (1941), se muestra al general Custer como un hombre inteligente y respetado por los enemigos, nada más lejos de la verdad, porque este hombre, aparte de ser un melón, era bastante sanguinario. Luego podemos encontrar una obra de arte a nivel cinematográfico, pero

Cuando ves *Dunkerque* con un historiador:

a nivel del mensaje que deja es vomitiva, me refiero al filme de Griffith *El nacimiento de una nación*, que muestra a la comunidad negra como unos bárbaros sanguinarios que merecen ser castigados por el Ku Klux Klan; si la queréis ver, armaos de valor primero.

La Segunda Guerra Mundial es la guerra sobre la que más películas se han hecho, porque de la primera no dio tiempo a hacer demasiadas, pues enseguida se vio superada por la segunda; de esta contienda, vamos a destacar algunas y las vamos a destripar un poco: en primer lugar, en *Salvar al soldado Ryan* (1998), aparte de que los tanques alemanes Tiger I, que son en realidad tanques T-36 soviéticos cubiertos con chapones, se nos muestra a los soldados alemanes con el pelo cortado al rape, es decir, todo igual muy cortito, cuando en realidad estos llevaban tan solo cortados los laterales y la parte trasera, mientras que la parte superior se la dejaban un poco más larga, así que si los que estáis leyendo esto vais con el pelo cortado como los soldados de la Wehrmacht, no os creáis modernos.

Una de las últimas películas realizadas es *Dunkerque* (2017), de Christopher Nolan, que trata de la Operación Dynamo, mediante la cual se pretendía rescatar a los soldados de la Fuerza Expedicionaria Británica y a los franceses y los belgas. Pues bien, en esta película solo aparecen soldados británicos; no hay ningún francés, bueno uno sí, el que hace de cobarde, y tampoco aparecen por ningún lado las tropas del Ejército Indio Británico, con lo que se olvida así a los cuarenta mil soldados franceses que murieron protegiendo la evacuación británica.

Hay un cine que no es histórico, pero me parece que viene muy a cuento hablar de este aquí: las cuatro películas de Indiana Jones, ya que están ambientadas en la Segunda Guerra Mundial, la colonización británica de la India y la Guerra Fría. Las películas de Indiana Jones son un deleite para los fans del cine de aventuras y un quebradero de cabeza para los arqueólogos, ya que el supuesto profesor de la Universidad Marshall es más un sexi saqueador que un arqueólogo, y os voy a decir por qué. En primer lugar, una pieza arqueológica tiene, para un verdadero arqueólogo, más valor cuanta más información da, mientras que Indiana Jones solo parece mostrar interés por los objetos que brillan, como las urracas, que casualmente están hechos en oro o plata. Además, un arqueólogo intenta no alterar el contexto en el que ha encontrado la pieza y también trata con delicadeza la pieza en sí, ya sea de oro o de barro. En cambio, raro es el yacimiento que Indiana Jones no acaba destruyendo para tan solo llevarse una escultura de oro.

Mientras que los arqueólogos se pasan la vida con una rasqueta en una mano y un cepillo en la otra, el doctor Jones hace del látigo y la pistola sus herramientas de trabajo. Mientras que los arqueólogos pasan media vida encontrando trozos de vasijas que después tienen que dibujar, el afortunado de Indi no hace más que encontrarse piezas únicas y con un alto nivel místico, cosa que hasta la fecha no le ha pasado a nadie. Además, Indiana nunca, nunca, NUNCA aparece elaborando la memoria de la excavación, donde los arqueólogos de bien exponen sus resultados; Indi pasa de esto, prefiere andar de correrías amorosas.

Asimismo, todo lo encuentra; quiero decir, lo que roba de países del llamado tercer mundo nunca acaba en un museo, y es normal porque sería un poco absurdo presentarse en el Museo Arqueológico y decir: «Oiga, mire, que me he encontrado esto y se lo traigo sin datar, sin analizar el resto del yacimiento y sin contextualizar, expóngalo». Te va a decir el conservador del museo que, para eso, haberlo dejado donde estaba, porque así, un objeto solo, sin contexto, no tiene ningún valor arqueológico. Es más, Indi acostumbra a llevarse las cosas de su lugar de origen a América, lo cual a mi parecer está mal, ya que cada resto arqueológico tiene que estar en su lugar de origen, no a miles de kilómetros de donde se lo encontraron unos excavadores blancos, que decidieron que esa pieza, o ese templo, estaría mejor en Londres o Washington que en Egipto o América Latina.

Aunque es cierto que no todo lo viejo tiene por qué volver a su lugar de origen, porque si no Estados Unidos nos devolvería a Julio Iglesias a España, y estamos bastante bien sin él.

Así que recordad: no expoliéis, no excavéis por vuestra cuenta en ningún lado, no os compréis un detector para ir a buscar monedas antiguas, porque es un delito ridículo, caro y profundamente antierótico, y lo único que vais a encontrar son chapas y mierda que la gente va tirando por el campo. No expoliéis y no toméis al doctor Jones como ejemplo.

De modo que podemos decir que, en efecto, Indiana era un pésimo arqueólogo, pero al menos pegaba a los nazis, y eso está francamente bien.

LAS CUATRO LABORES DEL ARQUEÓLOGO:
-Investigación preliminar.
-Excavación.
-Interpretación de resultados.
-Pegar a nazis.

(Sobre todo pegar a nazis.)

LO QUE NO SABÍAS DE LA EDAD CONTEMPORÁNEA

(O quizá sí)

- El término «debuti» se lo debemos al italiano Amadeo de Saboya, que fue rey de España durante tan solo dos años, porque acabó harto del país y prefirió marcharse. A su llegada a España, para agradecer su nombramiento, celebró una gran cena en la que pidió que se sirviese su vino preferido, un «Da Butti», pero en España no lo había, así que le dieron otro y Amadeo I dijo: «Quiero que sepáis que, aunque esta no sea mi ciudad, me lo parece; que aunque no seáis la familia con la que me crie, me lo parecéis, y que este vino, aunque no lo sea, a mí me parece Da Butti». Y los presentes se pensaron que «dabuti» era una expresión italiana para mostrar agrado y la comenzaron a usar.
- Todos los veranos, miles de guiris llegan a las playas españolas con sus chanclas, sus calcetines blancos, su piel roja quemada por el sol y sus borracheras épicas; pocos saben que los llamamos «guiris», y pocos de nosotros sabemos que el término «guiri» tiene su origen en la Primera Guerra Carlista, ya que guiri es un apócope del vocablo en euskera «guiristino», que utilizaban los carlistas para referirse a los partidarios de la reina regente María Cristina, pero su uso por parte de la población vasca se fue extendiendo para referirse a todo aquel que no era de allí, y acabó usándose para los turistas.
- En la Guerra Civil española, además de morir gente anónima, también murieron figuras políticas importantes: tal fue el caso del líder vallisoletano de Falange Onésimo Redondo, que no debía de ver muy bien, ya que yendo en coche a la segoviana localidad de Labajos, que él creía en manos del bando sublevado, divisó a lo lejos las banderas negras y rojas de un grupo de falangistas, a los que saludó a la romana; lo malo fue que las banderas sí que eran rojas y negras, pero no portaban un yugo y unas flechas, pues eran banderas rojas y negras de la CNT, los cuales le acribillaron a tiros en un momento.
- Cuando oímos «Primo de Rivera» pensamos casi siempre en José Antonio, es decir, en el hijo, pero poco se habla de su padre, el dictador Miguel Primo de Rivera, y como dictador que era, tenía bien sujeta a la prensa, por lo que para hacer críticas de su persona era necesario ser muy creativo, y así poder burlar la censura. Uno de los periodistas más creativos fue José Antonio Balbontín, quien escribió este poema, que parecía enaltecer al dicta-

dor, pero si nos fijamos en la primera letra de cada verso veremos que dice algo muy diferente de él en forma de acróstico:

*¡**P**aladín de la patria redimida!*
*¡**R**ecio soldado que pelea y canta!*
*¡**I**ra de Dios, que cuando azota es Santa!*
*¡**M**ístico rayo que al matar es vida!*

***O**tra es España a tu virtud rendida:*
***E**lla es feliz bajo tu noble planta.*
***S**olo el hampón que en odio se amamanta*
***B**lasfema ante tu frente esclarecida.*

***O**tro es el mundo ante la España nueva:*
***R**encores viejos de la edad medieva*
***R**ompió tu lanza que a los viles trunca.*

***A**hora está en paz tu grey bajo el amado*
***Ch**orro de luz de tu inmortal cayado.*
*¡**O**h, pastor santo! ¡No nos dejes nunca!*

- Durante la Primera Guerra Mundial, en Inglaterra se agotaron las biblias debido a que las madres y las mujeres de los soldados que estaban combatiendo las compraban y se las enviaban, con la esperanza de que el texto sagrado obrase el milagro y desviara o detuviera la bala, aunque de esto último tan solo se han documentado dos casos.
- «No te empecines», te habrán dicho alguna vez cuando te pones cabezón, ¿no? Bueno a mí, sí, y esta curiosa expresión tiene su origen en la guerra de la Independencia, concretamente en Juan Martín Díaz, «el Empecinado».

Este guerrillero castellano provenía de Castrillo de Duero, Valladolid, y junto a esta población se encontraba el arroyo Botijas, que siempre estaba lleno de pecina o lodo, de ahí le viene el mote a este señor. Pero ¿cómo pasó este mote a ser sinónimo de testarudo? Pues resulta que Juan Martín Díaz y sus tropas derrotaron en varias ocasiones al ejército francés, por lo que ganó la fama de persona persistente y de fuertes convicciones. De hecho, cuando Fernando VII derogó la Constitución de Cádiz, invitó al Empecinado a unírsele. Este, enfadado y ofendido ante tan deshonesta proposición, contestó al rey, como muestra de su obstinación: «Diga usted al rey que, si no quería la Constitución, que no la hubiera jurado; que el Empecinado la juró y jamás cometerá la infamia de faltar a sus juramentos».

- Karl Marx, además de escribir como si le fuese la vida en ello, en su juventud presidió un club de bebedores, la Unión Estudiantil Treverina de Amigos de la Juerga. También se batió en duelo al menos un par de veces. Esta actitud juvenil desagradaba profundamente a sus padres, que le obligaron a estudiar Derecho a pesar de saber que lo que Marx quería estudiar era Filosofía e Historia.
- Tras el golpe de Estado contra el legítimo gobierno de Salvador Allende, militares pinochetistas, buscando obras marxistas en la biblioteca de la casa de Pablo Neruda, encontraron libros sobre cubismo y creyendo que «CUBISMO» hacía referencia a la Cuba castrista los quemaron. Sin embargo, libros de clara carga política como *Las venas abiertas de América Latina*, de Eduardo Galeano, se salvaron del fuego, al creer los soldados que era un libro sobre medicina.
- Las purgas que inició Stalin en la Unión Soviética para deshacerse de opositores y enemigos políticos llegaron hasta tal punto que afectaron a Nikolái Ivánovich Yezhov, otrora hombre de confianza de Stalin y director de las purgas del partido y del Estado entre 1934 y 1936, lo cual hizo que Yezhov desapareciese del mapa y de las fotografías; además dio como origen un chiste bastante popular, que describe la represión del momento:

Se encuentran tres hombres en un gulag y empiezan a hablar mientras pican piedra. El primero de ellos dice: «Yo estoy aquí por oponerme a Yezhov». El segundo, sorprendido, exclama: «¡Qué curioso, yo estoy aquí por apoyar a Yezhov!». El tercero, con cara de tristeza, afirma entre sollozos: «Joder, pues yo soy Yezhov».

ENAMÓRATE DE UNA HISTORIADORA O DE UN HISTORIADOR

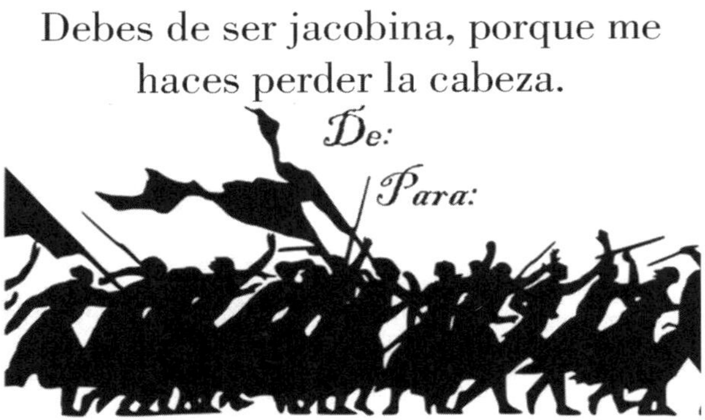

Las personas a las que nos apasiona la historia también tenemos cierto interés en encontrar pareja, aunque sea para un rato. Por ello aquí he querido recopilar una serie de razones por las cuales salir con una historiadora o un historiador me parece una buena elección.

Razón 1. Nunca jamás le faltará conversación, siempre será capaz de relacionar cualquier suceso de tu vida con algún hecho histórico similar, o con un capítulo de *Los Simpson*.

Razón 2. Le podrás preguntar cualquier dato, no te hará falta ninguna enciclopedia, ni perder el tiempo buscando en internet: un historiador es básicamente una Wikipedia con patas.

Razón 3. No tiene prejuicios. No juzgará tu forma de ser, ni la de tu familia y amigos, porque muy malos tienen que ser para superar los malos modales de los vikingos. Tampoco juzgará tu forma de vestir porque alguien que ha estudiado historia sabe que nada puede ser peor que los ropajes de Enrique VIII.

Razón 4. Es fácil regalarles cosas por Navidades, cumpleaños y demás; un libro de historia siempre es una buena elección, y si no una novela histórica para que se pueda deleitar sacándole fallos. También le puedes regalar una piedra y decirle que es una réplica de un instrumento lítico encontrado en un yacimiento cualquiera, el que te inventes, no se dará cuenta, pero fingirá que lo conoce.

Razón 5. Te podrá maravillar arrastrándote a yacimientos perdidos de la mano de Dios, en mitad de tus vacaciones, tan solo para ver una columna jónica o un menhir.

Razón 6. Se acabó pagar por las guías en los museos; tu pareja te explicará cada uno de los detalles de las piezas y las culturas a las que pertenecen.

Razón 7. Cuanto más envejezcas, más interesante le parecerás.

Razón 8. No tendréis problema en ponerle nombre a vuestra mascota, ya que conoce miles de nombres de seres mitológicos, reinas y héroes. Y digo mascota dado que hijos no vais a poder tener porque su sueldo no será ningún prodigio.

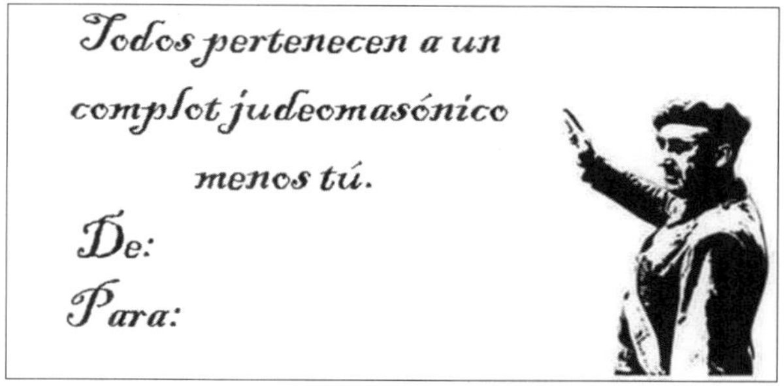

Así que ya sabéis: lanzaos a buscar el amor en un historiador o en una historiadora, porque en sus brazos encontraréis la auténtica felicidad. Ahora bien, si veis a un historiador o a una historiadora que os gusta, lo primero es entrarles con respeto, porque son personas. Lo segundo, y también bastante importante, es no sobresaltarlos con frases como «Pues ayer en Discovery Max vi un documental de eso que estudias tú, sobre androides en la Antigua Grecia» o «Mi emperador romano favorito es Julio César». Si evitáis los tópicos, ellos y ellas se ahorrarán un montón de explicaciones evitando que penséis que ellos piensan que sois unos atontaos.

Si queréis conquistarlos, aquí os dejo una serie de tarjetas para que les lleguéis a la patata y los podáis conquistar tan fácilmente como conquistó Alemania a Francia.

LA *FINALLE*

Pues hasta aquí hemos llegado. No sé qué os habrá parecido; se os habrá hecho a vosotros más corto de leer que a mí escribirlo, eso seguro, pero bueno, para eso me han pagado.

Espero que este libro os haya servido para mucho. En primer lugar, espero que para que os hayáis reído, o al menos para que hayáis sonreído. Porque igual no es tan gracioso como a mí me ha parecido; pero bueno, yo se lo he ido contando a mis amigos y a ellos les ha hecho gracia, lo cual es síntoma de que o son un poco estúpidos, o soy gracioso, juzgad vosotros.

Bueno, superado el tema de la gracia, espero que este libro os haya servido para convertiros en unos auténticos y completos despreciables. Sí, detrás de este libro hay un interés oculto, el de convertiros en pésimas personas con las que nadie quiera ver una película ambientada en alguna época histórica. Porque siempre estaréis pendientes de ver tomates, maíz y patatas en una película o en un documental de la Edad Media, o de romanos. Y lo peor de todo es que a alguno de vosotros lo habré convertido en un infeliz que no podrá ver una película sin estar planteando continuas preguntas como «¿Era ese el uniforme de esa división del ejército estadounidense?» o «¿Las orugas de los tanques alemanes de *Salvad al soldado Ryan* eran realmente así?».

Y lo peor es que no solo os afectará cuando veáis películas, sino también en todo lo relativo al maravilloso mundo de los disfraces de carnaval, plagados de errores garrafales: comenzaréis a ver vikingos con cascos de cuernos y escoceses con falda y os tendréis que morder la lengua, porque acercarse a un fulano ebrio para decirle «Tu disfraz es un cagarro histórico» no es una buena opción.

Espero también que el libro haya servido para que algunos hayan solucionado uno de los problemas más graves a los que se enfrentan las gentes del primer mundo. ¿La obesidad? ¿La brecha salarial? ¿Las drogas? No. ¿Qué regalar en los amigos invisibles? Todos nos hemos visto en esa situación, con los compañeros de trabajo, clase, familia, amigos, compañeras de militancia o de calabozo, en la que tenemos que hacer un regalo a una persona que no nos cae ni bien ni mal, y a la que no sabes qué regalarle. Pues bien, este libro es la solución, y si estás leyendo esto y te lo han regalado en un amigo invisible es que te quieren más bien poco, porque si de verdad te quisiesen te habrían regalado un buen libro de alguien con gracia de verdad, como ~~Pío Moa~~ Nieves Concostrina.

Puede que este libro —después de haberlo recibido en un amigo invisible, no vayas a olvidar que te lo han regalado porque a tus compis les pareces un gañán— te haya servido para aprender algo. Ahora estás a un paso de grandes intelectuales como Carlos II, Fernando VII o Donald Trump. No sé si era mi intención que aprendieses, pero, bueno, eso que te llevas. Lo que sí esperaba era desmentir algunos bulos y algunos discursos históricos que están bastante popularizados, pero que se alejan de la verdad como la cabeza de Luis XVI de su cuerpo.

Puede también que penséis: «Este tío es imbécil, yo habría escrito un libro mejor, y yo habría dibujado esto mucho más gracioso; menuda mierda de regalo de amigo invisible que me han hecho los compañeros de trabajo»; pues mira, quizá tengas razón, pero ponte con ello que vas tarde.

Como forma de finalizar el libro te propongo un viaje al pasado, y para que sepas qué es lo que te pasaría, adjunto la siguiente tabla en la que la Universidad de Villalpando del Recoveco ha reunido todas las posibles aventuras que vivirás en este viaje por el tiempo.

La inicial de tu apellido o nombre,
lo que te haga más gracia:

A - Le azotas en las nalgas a
B - Masajeas los pies a
C - Te pega herpes
D - Te duchas con
E - Te usa de testaferro
F - Realizas un baile erótico para satisfacer a
G - Atentas contra
H - Te vas de copichuelas con
I - Te sujeta el pelo mientras vomitas
J - Te persigue por opositor
K - Te contrata como bufón personal
L - Le niegas ayuda a
M - Le cagas en el pecho a
N - Te vas de camping con
Ñ - Te arroja por la ventana
O - Ayudas a dar un golpe de estado a
P - Stalin te envía a un gulag por ser seguidor de
Q - Peleas a navaja contra
R - Te bates en duelo con
S - Afeitas la espalda a
T - Te sodomiza con un palo
U - Combates sin ropa en el barro contra
V - Te encarcelan por orden de
W - Le susurras versos de amor al oído a
X - Te levantas de resaca esposado a
Y - Te casas con
Z - Te come el culo

El día de tu nacimiento:

1 - Carrero Blanco
2 - Cleopatra
3 - Isabel la Católica
4 - Miguelón el de Atapuerca
5 - Cristóbal Colón
6 - Saladino
7 - Adam Smith
8 - Don Pelayo
9 - Papa Borgia
10 - Julio César
11 - Pericles
12 - Margaret Thatcher
13 - Stalin
14 - Atahualpa
15 - Karl Marx
16 - El autor de este libro
17 - Boudica
18 - Juan Carlos I
19 - Abderramán III
20 - Vlad el Empalador
21 - Durruti
22 - Pancho Villa
23 - Lincoln
24 - Alfonso X el Sabio
25 - Calígula
26 - Juana de Arco
27 - Toro Sentado
28 - Felipe II
29 - Napoleón
30 - Ana Bolena
31 - Solimán